トーピク・類推・衡平

——法解釈方法論史の基本概念——

ヤン・シュレーダー著
石部雅亮 編訳

信山社

序言

本書は、わたくしが一九九八年三月二一日から四月一〇日まで日本に滞在した間に、九州大学、福岡大学、大阪国際大学、そして東京の早稲田大学でおこなった三つの講演を収めたものです。

これらの講演は、それぞれ独自のまとまりをもった論文として構想されたものですが、従来あまり研究されてこなかった、初期近代のヨーロッパ大陸諸国の法源論および法学方法論の基本問題を扱っていて、相互に関連しております。講演の原文に注を補って、その際またこれらの講演の参加者より得た多くの有益なご教示を考慮するようつとめました。

この機会にわたくしはぜひとも、この訪日旅行を可能にして下さった公的機関や幾多の人々に御礼を申し上げたいと存じます。わたくしの旅行と滞在には日本学術振興会の援助を頂きました。石部雅亮教授には衷心より格別の謝意を表します。同教授は旅行の全体にわたって準備し、組織し、手厚く歓待して下さいました。福岡、東京および大阪では、野田龍一、笹倉秀夫、和田卓朗の諸教授にお世話になりましたが、これらの方々にも心より御礼を申し上げます。その他多くの日本の研究者仲間から受けたご助力、お世話、ご教示に感謝いたしますが、なかでも守矢健一教授、三成賢次・美保教授ご夫妻、九州大学の児玉寛教授、東京大学の西川洋一教授のお名前を挙げたいと存じます。わたくしは、素晴らしい印象を沢山かかえ、日本における西洋法史の研究者の方々に深い感銘をうけつつ、また学問的対話の今後の継続を願いつつ、最初の日本旅行から戻ってきたのであります。

テューービンゲンにて、一九九八年八月一七日

ヤン・シュレーダー

目次

凡例

1 原文でイタリック体になっているところは、訳文では普通体（明朝体）にし傍点を付して、これを示した。

2 （ ）形括弧は、もともと原文にある場合のほか、訳語のあとに原語を示す場合ならびに書名の原題を表わす場合に用いた。

3 ［ ］形括弧は、訳出のため必要に応じ、原文にはないが、訳者がとくに補ったものである。

4 原文中の人名には、とくに欧文の表記を付け加えなかった。本文・解説中に出てくる人名については末尾に欧語の人名索引を付けて、それと照合できるようにした。

5 訳注は最小限にとどめた。訳者によって、訳注の付け方に精疎繁簡があるが、そのままにした。

6 訳出にあたり、表記法は一定の基準を設けて統一するようにしたが、訳者によってなお多少の差異が残っている。

初期近代の法学方法論におけるトーピクの歴史について

はじめに

四・五年前、ドイツで、小さな書物が世にあらわれ、一大センセーションを巻き起こしました。テーオドーア・フィーヴェークの『トーピクと法学』(1)(訳注1)です。この作品でフィーヴェークは、ジャン・バッティスタ・ヴィーコが一八世紀はじめにものした論文にヒントを得て、〔当時〕忘れ去られていたトーピクという考え方に注意を促しました。フィーヴェークはつぎのように論じます。トーピクという考え方は近代の体系思考によって排除されてしまった、しかし、公理論的体系的な思考は法学の領域では貫徹できないことが明らかになった、法学の領域では体系思考でなく、ただ問題思考のみが支配しうるのであり、かかる問題思考にふさわしい方法がトーピクという方法なのである、と。

フィーヴェークの見解はその後きわめて熱心に議論されました。激論が交されたといっても良いでしょう。かれの本は、増補された形で何度も版を重ね、一九七四年におそらく最後の版である第五版(2)が出ました。それから段々とこの書物に対する関心は失われてゆきました。法的論証に関する新たな理論が、例えば一九七八年にあらわれた、ローベルト・アレクスィーの手になる『法的論証の理論』(3)という著書によって、定着しはじめたからです。しかし思うに、つぎのことを見誤ってはなりません。それは、フィーヴェークのいくつかのテーゼ、なかんずく体系思考と問題思考とが区別され、その際後者が直ちにいわゆる「トーピク的」思考と同視されるという説は、右の関心の希薄化にもかかわらず、いわば通俗化した形態で、法学者の頭にしっかりと定着したということです。

さて、フィーヴェーク自身を歴史的考察の対象とすることは可能でしょう。つまり、なぜ、かれの書物が一九五三年という年に、ドイツ連邦共和国黎明《れいめい》期に、そして自然法ルネサンスというコンテクストのもとで、あらわれたのか、そしてどうしてこの書が当時あれほどの注目を惹いたのか、と問うことができましょう。けれどもわたくしはこのような問いではなく、つぎのような問いを立てたいと思います。フィーヴェーク自身は事柄を歴史的に正しく把握していたのか、と。フランツ・ヴィーアカー、ゲーアハルト・オッテ、フランツ・ホラクといった造詣深い学者が議論の当事者だったのに(4)、もしわたくしに間違いなければ、驚くべきことに、これまでにはこのような問いが立てられたことはない、少なくともこれほど先鋭な形で立てられることはなかったのです。フィーヴェークが問題思考を喚起したことの正否はさておいても、かれがそう名づけ喧伝した問題思考というものは初期近代に歴史的に特定可能な現象としてのトーピクとそう関係がないと思います。一六・一七世紀に実際にあったトーピク思考は、私見によれば、法学においても、他の学問分野においても、今日すでに消え去ったディシプリンです。さらに言えば、トーピク思考は、もし学問以前的思考に回帰したいと思わないなら、かつて歴史上に具体的に存在した旧い様式であってもこれを再生させるべきものでもありません。こういったことを示すためには、一六・一七世紀におけるトーピクが実際にどのようなものだったのかについて、そうしてこの思考様式が締め出されたという事実および締め出されたことの根拠について、そしてその根拠が今日もなお拘束力を持つかどうかについて、包括的な研究がなされねばならないでしょう。わたくしは皆様に、こういった問題の少なくともいくつかの局面について、法学的観点から、独学で得た哲学的見地を交えながら、お話をしてみたいと存じます。

ではまず、トーピクはそもそもどこに位置づけることができ、そしてそれは何を意味したのでしょうか。一六・一七世紀には、トーピクはあらゆる知的領域に遍在する方法的な道具でした。一般論理学とレトーリクにおいても、法学の解釈理論や法論理学といった領域でも、このトーピクというものが見出されます。トーピクの本来的な拠点は、アリストテレスがトーピク論を論理学やレトーリクとは独立に展開したこともあって、よくわからないところがあります。とはいえ、初期近代においては大抵トーピクは論理学において扱われています。その際一六世紀の人文主義者たちは、論理学あるいは弁証法を「発想」(inventio)(トーピク)と「推論」(iudicium)とに分けて、その前者の部分でトーピクを扱う傾向がありました。(5) こういった構成はキケロの提案に基づきます。(ルードルフ・アグリコーラやラムスといった)人文主義者は好んでこのキケロをアリストテレスに対抗させる切札として用いたのです。これに対して一七世紀になると、明らかに中世の議論に似て、(6) 推論の学にトーピクを結合させる構成が優勢になる。(訳注2) そうして確実で分析的な推論が、蓋然性があるにすぎないトーピクの推論に対置されるようになるのです。(7)

この第二の[一七世紀的]構成を踏まえると、当時トーピクにそもそも何が期待されていたのか、ということがいくらか理解できるようになります。すなわち、分析学というのは、確実かつ真である推論を導く学である。この分析学では、古典的三段論法、いわゆるBarbara格式[第一格AAA式]、Celarent格式[第一格EAE式]、Darii格式[第一格AII式]、といったものが論ぜられる。(訳注3) これらの推論形式(Schlußformen)に正しい前提を代入しさえすれば、確実かつ真である推論に到達することになります。これに対して、トーピクないし弁証法(Dialektik)(訳注4)は、単純化して言えば、蓋然性ある[真かどうかは不明の]前提あるいは格率を提示するにすぎない。(8) こういった格率は特定の場所(topos, locus, Ort)(訳注5)に帰属せしめられます。かようなトポイのなかには全く一般的、形式的で、あらゆる学問分野に適用可能なものがあります。例えば、定義(definitio)のトポス、作用因(causa efficiens)のトポス、類似(simile)のトポス、対立(contrarium)のトポス、相関関係(correlativum)のトポス、といったものがそれである。このようなトポイを基にしてつぎのような命題ができる。例えば「Aが

Bに帰属するのなら、AはBと相似するCにも帰属する」（quod uni similium convenit, alteri quoque convenit）とか、「対立するものは帰結においても対立している」（contrariorum contraria sunt consequentia）など。こういった、一般的で、形式的な、そして「熟練を要する」[訳注6]（kunstvoll）とも形容されるトポイとその格率の他に、さらに、特殊な、「熟練不要」の（kunstlos）トポイが存在しました。こういったものに数えられるのが、例えば testimonium、すなわち「証明」のトポスであって、そこにはつぎのような重要な法則がある、「定評ある専門家はその専門領域において信頼されねばならない」（probato artifici in sua arte credendum est.）[9]というのがそれにあたります。要するに、トーピクというのはそれ自体一つの小さな論理的世界なのであって、それに従えば比較的はやく見当をつけることができ、またこの世界のうちとりわけ要熟練の「普遍的」トポイについては知的遊戯の要領で習熟することもできました。例えば属（genus）のトポスに「属に妥当するものは種（species）にも妥当する」という格率があるけれども、これは「人間はすべて死すべきものである、ところでソクラテスは人間である、したがってソクラテスは死すべきものである」となる。「類似」（a simili）のトポスから例解するならば、つぎの格率「似たものは似た（あるいはひょっとすると同じ）帰結をもたらす」はつぎのようになる、「天使は人間と似ている、ところで人間は歌い、語ることができる、ということはおそらく天使も歌い、語ることができる、云々」。

　さて、それでは法学の領域においてこういったトポイで何をすることができるでしょうか。当然、要熟練の一般的なトポイと、熟練不要の特殊なトポイとを区別しなければなりません。類似の論拠、対立の論拠、相関関係の論拠といった、要熟練のトポイは、それだけでは何ら法的な言明を含んでいません。ですからこれらのトポイを何らかの法的な言説、例えば特定の法文と結びつけねばなりません。そうすることによって、これらのトポイは、既存の法規を適用する際におこなう方法的操作、つまり解釈理論（Interpretationslehre）として位置づけられることになる——少なくとも初期近代の法学者たちはそう理解したわけであります。そこでまず、解釈理論に立ち入ることにしたいと思います(I)。

これに対して熟練不要のトポイはそれ自体の中にすでに法的言明を含んでいます。したがって専門家証言または専門家たち（学識者 Doktoren!）の通説（communis opinio）のみによって事案に解決を与えることができます。そこで、この場合に特徴的でしかも中心的なトポスである「通説」を、議論の後半で扱ってみたいと思います(II)。

一　一六・一七世紀の解釈理論におけるトーピク

一　解釈理論からトーピクが漸次的に排除される過程

法律が、祭祀に用いられる目的物を売ることを禁じている、という[訳注7]場合を想定してみましょう。そうすると、［売主だけでなく］買主も、この禁止規定ないし、場合によっては刑罰による威嚇に服すのかという問題が出てきます。この問題には、「相関関係」のトポスを引照すると、肯定的な答えをすることができます。すなわち法律が命じたものは相関関係の相手方にも妥当しなければならない、というわけです。あるいは、当該目的物に質権を設定することも禁ぜられているのか、という問題も想定されます。これも類似のトポス、すなわち「AがBに帰属するのなら、AはBと相似するCにも帰属する」を引照すれば、肯定されることになります。そして逆に、対立のトポスに従って、祭祀に用いられない目的物の売買は禁止されていない、ということにもなります。

ある法文から、その法文が必ずしも明示していない帰結を、(確かにこういった帰結は蓋然的なものでしかないにせよ) かようなやり方で導き出すことができます。こうした帰結を導くには、その法文がどのように成立したのかも、あるいはその法文のおかれている体系的連関も、知る必要はありません。ですから、こういう手続について本当に躊躇なく「解釈」ということを語り得るのかどうか、問題があります。一六世紀から一七世紀初頭にかけて実際におこなわれたのは、そういった手続だったのでした。しかるに法学の解釈理論は特徴的な発展を遂げることになる。解釈手段としてのトーピクは初期近代になって次第に駆逐されてゆくのです。このことを、一五世紀末から一七世紀末にかけてそれぞれ活躍した三人の学者によって例解してみたいと思います。

(1)　ステファヌス・デ・フェデリチス（一四九六年）

法学の解釈理論に関するヨーロッパで最も古いモノグラフのひとつにブレッシャ[訳注8]出身のイタリア人ステファヌス・デ・フェデリチスがものした『法註解における解釈について　Ⅳ』（De interpretatione iuris commentarii IV）があります。この作品は一四九六年にあらわれ、[10]ドイツでは一五三五年にはじめて印刷されました。[11]フェデリチスはここでなかんずく法律の「意味」（mens legis）と「文言」（verba legis）との相克を扱いました。[12]かれによれば、「意味」の方が「文言」より重要だとされます。ということは、文言から乖離した「意味」のため、文言から離れて、法律をより広くまたは狭く解釈することができるということです。ではどうやってその意味を確定するのでしょうか。フェデリチスはつぎのようなカタログを用意します。[13]それによれば、意味の確定は、

① 定義によって（a definitione）、
② 法文の一部から（a partibus）、
③ 事物の本性にしたがって（a natura ipsius rei）、
④ 慣習あるいは法規からの推定によって（ex praesumtione Consuetudinis vel Legis）、
⑤ 事物の始源および原理に従って（ab origine et principio rei）、
⑥ 事物の目的と作用に従って（a fine et effectu rei）、
⑦ 予め前提されたものにしたがって（ex antecedente praeparato）、

⑧ 付随的なものから、
⑨ 規定に先立つものから、
⑩ 帰結を考慮して（a consequenti）、
⑪ 代用物から、
⑫ 結合性にしたがって（ab adjunctis）、
⑬ 規律の対象となっているものとの統一性に鑑みて、
⑭ 比較ないし互換可能なものから推して（a parificatis sive commensuratis）、
⑮ 相関関係から（a correlativis）、
⑯ 対立から（a contrariis）、
⑰ 当該の法文Aを解釈する法文B、あるいは法文Aによって解釈された法文Bを、法文Aに重ねて提示することによって、

確定されるということになります。

この一七個の視点は基本的に、一般的な、要熟練のトポイのカタログです。歴史の手法で意味を突き止める、という方法、テクストをその具体的な歴史的諸前提およびその文脈に即して理解しようという仕方は、フェデリチスの念頭にありませんでした。なるほどそういった手法に適した視点がここにもないわけではありません。けれどもそのような視点がとくに際立っているわけではないし、解釈

者の任務を特徴づけてもいません。つまり、良き解釈者は一般的で要熟練のトポイのできるだけ包括的なカタログを手にしてさえいれば良く、法文を実質的かつ具体的に個別的に理解することは求められていないのです。

(2) ヴァレンティーン・ヴィルヘルム・フォルスター（一六一三年）

［フェデリチスの作品があらわれてから］一〇〇年以上たって、ヴァレンティーン・ヴィルヘルム・フォルスターの『解釈者』という、法学の解釈理論に関するドイツで初めての個別研究がでてきます[14]。フォルスターもまた、法規の「意味」を文言そのものより優先させる（拡張的）解釈に検討を加えます。どのようにすれば「意味」を確定できるか、という問いが立てられるのも［フェデリチスの場合と］同様です。フォルスターはここでフェデリチスの一七個の視点をまずは取りこんで、それを詳細に攻究します[15]。しかしここで面白いのは、フォルスターにはフェデリチスの提示するカタログがすでに何か時代遅れのように見えたことです。すなわちかれは、著名なフランスの法学者フーゴー・ドネルスがその『市民法註解』(Commentarii de jure civili) で提示した、意味確定のためのシェーマを、右のカタログに並置するのです[16]。このシェーマにおいてトーピクはかなり切り詰められてしまっています。ドネルスは［法規の］意味を確定するに、法律の他の部分から、あるいは法律の根拠 (ratio legis) から導き出すといったように、いずれにせよ法律そのものから導き出すか、さもなければ、対

立のトポスないし帰結のトポスによって導き出すか、という、たった二通りの方法から選択することを要求したのでした。

フォルスターの説はどうやら、古いものから新しいものへの移行段階に位置づけられそうです。フォルスターには一方で旧来の、一般的で形式的なトポイの包括的なカタログに基礎を置く解釈理論の記憶が残っています。しかし他方では、そういった包括的なトポイのカタログは実はもう全然必要でなく、法律の根拠というような、テクストの真に実質的な理解に導くごく僅かの視点で充分だ、ということを見極めてもいるのです。

(3)　クリスティアン・トマージウス（一六八八、一六九一年）

さらに八〇年近くを経てクリスティアン・トマージウスは『神聖法律学要論』[訳注9]（Institutiones jurisprudentiae divinae, 1688）と『理性論的思考法』（Ausübung der Vernunftlehre, 1691）を公にしました。これらの著作に解釈理論の記述がありますが、そこではトーピクがもはやほとんど無意味なものになっています。トマージウスもむろんテクストの意味をどう探究すべきかという問いに取り組みました。ただそのために彼が列挙するのは、つぎの六つの視点にすぎません。[17] すなわち、［トマージウスによれば］考慮しなければならないのは、①その時々の素材、②テクストの書き手の用語法、③コンテクスト、④不条理な効果を導かないようにすること、⑤テクストを実際に綴った者ないしそのテクストが念頭に置いている者、そして何よりも⑥法律の根拠（ratio legis）です。法律の根拠が法文自体から確定できない場合には他の補助手段が必要になるわけですが、その場合［トマージウスによれば］、政治や経済、そして歴史といったものの知識が非常に有用となります。

これで、「より近代的な」解釈理論への発展が如何にして遂げられたかがおわかりいただけたかと思います。法の解釈者はトーピクの形式的な補助手段が澤山あってももはや満足しない。代わってごく僅かの、解釈理論のために特に考えられた準則が提出されることになります。そうしてこれらの諸準則の力を借りて、解釈者はテクストに即した実質的理解へ導かれることになります。しかしさらに、トマージウスは、こういった諸準則それ自体はあまり役立つものではなくて、何より法学的、歴史的、それに政治的な具体的知識がとりわけ必要だということをはっきり言っています。

二　トーピクが排除された理由

こうしてトーピクが一六世紀から一七世紀後半に入って次第に解釈理論に対する意義を失っていくということは確認できるわけです。形式的論拠のカタログの座を、解釈者をテクストの実質的理解に導いていくべき少数の視点が占めるようになります。そうすると、このような発展を遂げた理由は何か、という疑問が出てくる。この疑問にはこれまでにお話したことですでにほとんど答えられているけれども、一七・一八世紀になされたところの、トーピクに対する哲学的批判を見ることによってより一層明瞭な答えを与えることができます。

(1)　一七・一八世紀の、哲学におけるトーピク批判[18]

一七・一八世紀にフランシス・ベイコンやルネ・デカルトそしてイマーヌエール・カントといった哲学者がおこなったトーピク批判は――カントの場合その批判はすでに［もはや過去の遺物としてのトーピクを］回顧するとでもいったニュアンスを帯びていましたが――一貫して同一の方向に収斂しています。最初英語で一六〇五年に［『学問の進歩』（Advancement of Learning）として］発表された『諸学問の尊厳と進歩について』（De dignitate et augmentis scientiarum, 1623）において、フランシス・ベイコンは明瞭に言います。「トーピクによる論拠で得られる発想は本当は発想などではない。［…］発想というのは、それまで知られていなかったことを明らかにすることなので、すでに知っていることを取り上げて繰り返すことではない。けれどもトーピク的発想の効用と任務とは、ひとたび精神内に蓄積された膨大な知から、特定の事柄ないし問題に何らか役立つようなものを手早く見つけ出す、ということに他ならないのではなかろうか。何となれば、ある対象についてわずかな知識しか持っていなかったりあるいはおよそ何も知らないような者には、発想のトポイは何の役にも立たない。これに対して何が役に立つのかを熟知している者は、技巧（Kunst）を用いなくとも、また発想のトポイなどなくとも、正しい立論を行うことができる[19]」。

デカルトも同じ意味において、トーピクを「坊やの」技巧だとします。この技巧は、手っ取り早く夢中に想像することができるけれども適切な判断はできない、そんな人にこそふさわしい、つまり坊やにこそふさわしいのだ、坊やならわずかの期間でこの技巧に習熟することもできる、というわけです。[20] 他の箇所では（[伝統的な意味での]弁証法（Dialektik）について、ということはここではつまり論理学（Logik）一般について）[訳注10] つぎのように言います。「[トーピクのような]技法が真実を認識する役に立たないこと、弁証家には、[彼らが現にとりあつかっている対象の]実質を知ることなしには、つまり推論において証明しようとする真実を予め知っているのでなければ、正しい推論を導くような、技法通りの三段論法を組み立てることはできない、ということは明らかである」[21]。

こういったところが[トーピク批判に]先鞭をつけた人たちの見方です。その後、一七世紀末《すえ》のフランスに代表的な論理学、いわゆるポール・ロワイヤルの論理学（ここでわたくしは一六八五年に出た第六版を用います）において、それも章の表題に「論拠の場所（Loci argumentorum）、[…]この方法がどれほど役に立たないかについて」[22]と書かれてあるのを目にすることになります。続いて曰く「なるほどすべての論拠はある特定の「場所」に関連づけることはできる。しかし論拠はこの方法によって見つけ出されるわけではない。素材の性質、素材の注意深い観察、そうして様々の真実を知っていること、こういったことによって論拠が得られるのである。そうしてしかる後にはじめて論拠は右の技法によって様々の論拠のタイプに分類されることになる」[23]。

最後にカントの『純粋理性批判』は、すでに回顧的なトーンを帯びて、アリストテレス的な、つまり「論理的」トーピク（logische Topik）についてつぎのように語っています。トーピクは「学校の教師や雄弁家が重宝する技法である。これを用いることによって、この題材にもっともふさわしいのは何かを探したり、そのことについて精通しているように装って小理屈をこねたりぺらぺらと喋り散らしたりするのにうってつけの技法だから」(24)。「精通しているように装って」いる、というのは実際にはむろん、精通していないということなのです。

トーピク批判の要点はつまり、トーピクとは全く形式的な熟練に過ぎず、実質的知識、事柄についての知識といったものを全然もたらさない、というにあります。実験と観察によって経験知がどんどん拡大されていく時代には、旧来のトピクはまさにお笑い草だとされるほかありませんでした。無論、まさに法的な知というものは、実験と観察によって直ちに豊富になったりしません。だが法学は、すでに示したように、その解釈理論においてトーピクからの離脱という一般的傾向に一枚噛んでいました。そうしてそのことには十分な理由があったということを、わたくしは、さらに一例を挙げて、明瞭にしたいと思います。

(2) トーピクによる解釈の不十分性——C. 4. 44. 2に即して

初期近代およびすでに中世以来形成された類推（Analogie）形成の最も著名な例の一つとして『勅

法彙纂』C. 4. 44. 2（訳注11）の意味拡張があります。周知のように、ここでディオクレティアーヌス帝とマークスィミアーヌス帝は、土地を本当の価格の半額未満で売ったという事例を規制しております。それによれば、売主は土地を返却してもらえるか、あるいは適切な額になるように売価を上げることができるとされました。しかし、中世の法律家たちはすでにこの規定［C. 4. 44. 2］を、売主のみならず買主の利益にもなるように、最後にはすべての双務契約に、適用しました。[25]つまり彼らは勅法「の妥当領域」を、類似にもとづく論拠（argumentum a simili）を援用して、いわゆる莫大損害（laesio enormis）に関するすべての事例に拡大したわけです。でも論理的必然でこうなったというわけでは決してありませんでした。なぜならつぎのように論ずることも全く可能だったはずなのだから――勅法はまさに、土地売買について、かつ売主に不利益が生じた場合にのみ関わる、だから、「対立の」（e contrario）トポスにより他の事例には適用できない、と。

「類似」のトポスによる論拠と「対立」のトポスによる論拠とのこの相克はトーピク的・形式的に決着がつけられるものでありません。決め手になるのは実質論、事柄に即した論証、とりわけ歴史的論拠および合理的論拠なのです。初期近代の法理論は、周知のように、契約における衡平の思想、給付と反対給付との等価性という考え方を重視しました。ここにこそ、勅法の法文が拡張解釈されたことのより深い、原理的な原因がありました。一八世紀以降、今度は契約自由の思想が貫徹します。[26]それに、当該法文の本来的な目的は、歴史的に見ても、土地の緊急売却に際し売主を保護するということにある、ということが認められるようになってきました[27]。こういったことが原因となって今度は勅法の法文は厳密に解釈されるようになりました。つまり「類似」のトポスから「対立」の論拠への変化が見られました。とはいえ決定的なのは常に、それ自体変化してゆく実質的根拠なのであって、形式的なトーピクによる論拠ではありませんでした。

ここでとりあえず一度要約を試みることができるでしょう。形式的なトポイは一七世紀後半、法学の解釈理論から排除されていったのでした、まさに、精密科学の場合と同じように。その理由は、他の諸学問の場合でも法学の解釈理論の場合でも等しく、形式的でしかないトーピク〔の論理〕に基づく推論では不十分であるということにありました。トーピクにもとづく推論をもってしてもなんら実質的な認識を獲得できないわけですから。こうしてわかるのは、トーピクは体系的で公理論的な思考によって駆逐された、というフィーヴェークの考えは、いずれにしても一般的で「熟練を要する」トポスについては適切でないということです。一般的トーピクの衰亡と関係するのは体系思考ではなく、近代が根拠づけられた認識を必要としたということが重要なのです。体系的で公理論的では有り得ないけれども基礎づけられた認識は求める、といった類の学問も、たんにトーピク的な思考には立ち返ろうとしないでしょう。だとすれば法学もトーピク的ディシプリンに立ち返るなどという、時計の針を逆回しにするようなことをすべきではないのです。

要するにわたくしの言いたいのは、法学に、一般的で「熟練を要する」トーピクの残存する余地は実際全くないしそれで良い、ということです。トーピクの残滓は今日もなお解釈理論に散見されるものの、それ以上にトーピクがどこにでも生き返るというようなことはもうないと思います。

補　論

このことをもう一つ、別の小さな例によって示したいと思います。トーピクは、すでに申しましたように、一六・一七世紀には、あまねく見られる［思考法］でした。この思考法は、ただいま説明いたしましたように、新たな真実を「発想」するだけでなく、わけても、既知の真実を叙述する分類図式として用いられました。一六・一七世紀には、論文（Dissertation）の章立てについての基準があり、すべての学問に有用だとされました。論文の扱う対象が、たとえば「人間」といった、「シンプルな」主題であるとき、そうした基準が適用され得ました。［この基準によれば、］論文で次の諸点が扱われなければなりません。第一に語［の分析］。第二に、属と種差（differentia specifica）。ここまでで定義が確定します。第三に、四つの原因（causae）、すなわち質料因[訳注12]、形相因[訳注13]、作用因（causa efficiens）[訳注14]、目的因（causa finalis）[訳注15]。第四に特徴（propria, accidentia）。第五に作用（effecta）。第六に部または種への分類。第七に親和性（cognata）。そして第八に相互に対立したもの（opposita, pugnantia）。この基準がフィリップ・メランヒトンが一五三〇年頃に創出したものであることに疑いはなく[28]、そこで、彼は方法の名人（artifex methodi）と渾名されました。

メランヒトンの基準に従うとすれば、「人間」という主題は次のように論ずべきこととなるでしょう。（ここで私は、バルトロメーウス・ケッカーマンが一六〇〇年頃に出した論理学演習教科書に示した手順に従うことにします。）(29)「homoという」語は「大地」（humus）から来ているかもしれない。そこから人間の本性について逆推してゆくことができる。「人間の」属（genus）と種差（differentia specifica）はそれぞれ「生き物」（animal）であり「合理的」（rationale）である。つまり人間は理性を賦与された生き物である。作用因に関しては、「人間の」特殊な作用因は、天地創造の最後の日の被創造物であるという点であり、通常の作用因は被創造物であるという点である。人間の目的因は神の名を賛美することないし魂の永遠の至福である。特徴および部への分類の項目では「肉体と魂」および身体の各分肢に触れねばならない。人間と親和性があるのは第一に天使、第二に世界全体、そして第三に人間に特に性質の似た動物、例えばイルカや象。人間に敵対的なのは悪魔および、人間敵対的な生物、例えばヘビ。

こうして、「熟練を要する」トーピクの主だった項目が出揃ったわけです。この枠組はいわば、ある特定の対象について立てることのできる重要な質問すべてを網羅した「チェックリスト」です。

わたくしはすでに、「熟練を要する」トーピクは一八世紀には法学から駆逐された、と主張しました。トーピクというものは基礎づけられた実質的な認識や専門知識をなんら齎さないからです。フィーヴェークが主張するように、それが非体系的だから、ではありません。このことは、今紹介した章立ての基準が［その後］たどった命運を見ても明らかです。一七世紀には法学のジャンルでもこの基準が推奨されており、[30]重要な教科書にもそれが下敷きにされていました。ドイツでは、ラウターバッハの手になる一七世紀の著名なパンデクテン教科書にも右の基準が用いられ、[31]一七世紀および一七〇〇年前後にかけての論文にもいつもきまって利用されていたようです。[32]

こうした状況は一八世紀初頭にはいって変化を見せます。トマージウスはすでに一六八二年に、そのような分類の基準は不適当なもので、［それを使用するのは］時間の無駄だ、といっています。[33]ハレ大学教授J・H・ベーマー（一七〇四）やルードヴィチ（一七〇九）はそれを「吐き気を催す」[34]とか「忌み嫌われた」[35]ものだとかと形容しました。一七〇三年にベーマーははっきりこう言っています。この基準には「重大な欠陥がある。…だいたい、法学説は、もっと適切で事物の本性を表現できる別の概念によって扱うことができる。法の細部に及ぶ深い知識から生まれた固有の概念があるのに、さらにそれに借り物の概念を混ぜ合わす必要などあるのだろうか」[36]。

こうして、要熟練のトポスによる「発想」の局面で示されたのと同じことが、記述の局面でも明らかになります。トーピク［的記述］はその都度あつかわれる学問的対象の特質に相応しくない、純粋に形式的な性格しかもたない、ということが認識されるのです。トーピク［的記述］は、役に立たず、不適切で、真の事実認識のためには障害になるような形式をペダンティックにもてあそんでいるにすぎぬ、と受け取られました。体系思考――それは法学には確かに適さないのかもしれない――が、トーピクを駆逐したというのではなく、事実に即し、根拠づけられた、専門的学問的な認識への努力こそがトーピクを駆逐していったわけです。

このことは、おそらく、言葉を換えて、もっと原理的に次のように定式化することができるでしょう。近代の学問的思考と伝来のトーピク的思考との差は、認識の問題、未だ発見されていない真実を探求するという問題が一六・一七世紀の思考にはまだ全くなかったということにある、と。トーピクの場合真実の発見は要するに場所の問題に帰する。あらゆる事物、あらゆる認識はすでにあるべき場所にある、人はそれを見つければ良い。この方法はいわば、認識の世界に分類の網をかぶせる、ということになります。問題は、いわば分類の正しい網目に位置づけることにのみあるのであって、その在処《ありか》を教えるのがトーピクなのです。これと反対の考え方、ある特定の認識は、秩序づけられた神の世界にそれ自体として存在するのでなく、まずもって発見されねばならない、というのは明らかに近代的な考え方で、一七・一八世紀になってはじめて展開されていくと思われます。学問的な営為を行うのは我々なのだ、その目的は、新たな認識を獲得することなのであって、既知の認識が用意されている場所を突き止めるだけではないのだ、と。この近代的な思考法はトーピクに対してむろん、つぎのような帰結を齎しました。認識の総体が必ずしもしかるべき場所にあるわけでないから、トポイというもの自体が重要でなくなる、そうすると、トーピクという思考様式もまた包括的に重要性がないことになる、と。

二 一六世紀から一八世紀までの「通説」(communis opinio)理論におけるトーピク

ここまでわたくしは、「対立」による論拠とか「類似の」論拠といった「要熟練」のトポイ、つまりどの学問にも応用し得るようなトポイについてお話ししてきました。つぎに「熟練不要」の、とくにあるひとつの学問にのみ妥当する、トポイに言及しましょう。こういったトポイを無論法学も持っていました。[37] このようなトポイが説得力を持ったのは、それがたいていの専門家に認められていたからです。ですから communis opinio つまり一般的見解または通説、「熟練不要」の専門的論拠の原形である通説というのは、あるいは個々の専門的な論拠の母といっても良いかもしれません。講演の後半では、この通説というものに取り組んでみたいと思います。例によってまず(1)「通説」という理論の展開を追跡します。この展開というのは実は通説理論が法的論拠の理論から駆逐されるということなのですが。そうして第二に(2)何故そのような展開を通説理論は辿ったかの根拠を述べます。[38]

一 「通説」理論の支配と衰亡

(1) 〔「通説」理論の〕成立と普及——一七世紀まで

「通説」理論はイタリアのカノン法学において成立しました。[39] 偉大なカノン法学者ヨハンネス・アンドレアエの（一四世紀の最初の一〇年のうちに出来した）教令集コメンタールにおける発言が代表的です。それによれば「通説には従うべきである、それが明らかにおかしなことを内容としていなければ、あるいは理性に基づいて反駁可能なものでなければ。そうしてこれを判断するのは、明敏極まりない悟性を持った良い裁判官である」（Communis autem opinio sequenda est, ubi non notorie male dicat, vel rationabiliter convincatur, quod bonus iudex acutissimi ingenii aestimabit.）。[40] この原則はさらにバルドゥス、アレクサンダー・タルタグヌスやヤソン・デ・マイノといった世俗法［ローマ法］学者にほとんど額面通りに受け継がれました。[41] それによれば通説には正しさの推定が有利にはたらくことになります、ただし、この推定は反駁可能ではありますが。こうして通説に基づいた推論は要するに（断定的に確実ではないが）蓋然的であるということなのであり、これは通説理論の起源がトーピクにあるということとうまく平仄が合うのです。

中世末期に、こういった端緒から［通説に関する］詳細な理論が構築されました。[42] 通説はそれ自体としてすでに——ということは具体的な実質的根拠なしに——正しさの推定を受けることになったのです。そうすると、どの場合に通説があり、どの場合にないのかについての基準を立てねばなりません。そして実際そういう基準が数多く生まれました。例えばそもそも学識法曹のどの言明なら参照されてよいか、といった問いが立てられます。［その際］学識法曹というのは鳥のようなもので、一羽飛び立てばすべてが飛び立つ、とか、あるいは、互いに他につき従うしか能がない羊の群れのようなものだ、などといわれました。[43] だから、その場の思い付きで言われたこと（傍論 obiter dicta）ではだめで、きちんと根拠の示された発言だけが参照されるべきだ、ということになります。[44]

どういった種類の著作にならば参酌することが認められるのか、ということも問題になりました。講義録か、註解か、あるいは鑑定意見（Gutachten）でも良いのか？ 鑑定意見は周知のように報酬と引き換えに書かれるわけだから、鑑定者の本当の意見がそこに反映されているとは限りません。それゆえ例えばウルリヒ・ツァズィウスなどは、その種の発言を認めようとしませんでした。[45] こんな風につぎからつぎへと問いが立てられて、それに答える詳細な論文がアルツィアートゥスやメノキウス、マスカルドゥスらの手によって著《あらわ》されました。[46] このような研究に費やされたエネルギーから、通説がそれ自体として正しさの推定を基礎づける、という原則をきわめて真剣に受け止めていた、ということが分かります。

この原則は一六・一七世紀はともかく持ち堪えていたようです。人文主義法学もこの点では何も変更をもたらしたようには見えません。これはやや引っかかるところです、というのも人文主義者たちこそは、古典の史料に立ちかえって、註釈学者やイタリアの註解学派の権威に異を唱えようとしていたのだから。だが結局のところ、かれら人文主義法学者たちもやはり伝統的な教説の内部にとどまっていました。その一例が、一六世紀ドイツで最も重要と見られる法学者ウルリヒ・ツァズィウスです。

ツァズィウスは「通説」という考え方に非常に批判的な言及をするけれども、結局はつぎの文に見られる立場に落ち着くのです。「我々は通説に従う、もしそれがテクストによって裏づけられ、またはそれを明らかに覆すようなテクストおよび法の根拠（ratio juris）がない場合には」[47]。これはまだ、旧来の「通説」理論に沿った考え方です。

ドイツではこのような理論は一七世紀末に至るまで、たいていの主要な法圏で地盤を確保していました。例えばザクセンではベーネディクト・カルプツォウ、テューリンゲンではゲオルク・アーダム・シュトゥルーヴェ、マルク・ブランデンブルクにはヨハン・ブルネマン、バルト海沿岸地域ではダーヴィト・メヴィウス、ヴュルテムベルクではヴォルフガング・アーダム・ラウターバッハが、伝統的な通説理解に立っていました[48]。［通説理論に対する］批判的言明は何度も顔を出すのですが、それでも全体としてはやはり、通説はそれ自体として蓋然性があり、正しさの推定を含む、と考えられていたのです。

(2)　一八世紀における「通説」理論の崩壊

つぎの段階すなわち「通説」理論批判の段階は、ドイツでは明らかに、新たに創立された[訳注16]啓蒙主義のハレ大学の周辺でまず始まるのであり、そこから急速に伝播していきました。後にハレ大学の初めての法学教授にして学長になることになるザームエル・シュトリュクは、その『パンデクテンの現代的慣用』(Usus modernus pandectarum, 1690)の第一巻につぎのように記しています。「通説が慣習法的な効力を持つのか、という問いに際してはつぎのことを区別せねばならない。すなわち、単純に学者の通説を引照するだけなのか、それともその通説が裁判所で一般に採用されているということを証明するつもりで示すのか、ということを。前者の場合には、通説は、[それがすでに通説だからというのではなく]それを支持する根拠が説得力を持つ度合いに応じて、説得力を持つにすぎない。[…]後者の場合には、通説は慣習法としても通用力を持つが、それはそれが通説だからなのではなくて、裁判実務で受容されているからである[49]」。つまりここには新しいことが出てきているのです。シュトリュクにとっては通説は、最早、通説であるというだけで論拠として重みを持つものではなく、それ自体で正しさの推定を受けません。程なくこういった見解がハレの法学者たちの間で繰り返し述べられることになります。クリスティアン・トマージウスやヨハン・ゴットリープ・ハイネクツィウス[50]、ユストゥス・ヘニング・ベーマーといった人たちの発言がそれで、ベーマーは一七一九年にこう記しています。通説が「効果を持つのは、参照すべき法文の内容が十分に明らかでなく、かつ、学識法曹が従っている意見および解釈を支えるのに適切にして蓋然性ある論拠を引照しうる場合に限られる[51]」。一七一七年にはもっと端的に「自由な精神には、権威ではなく根拠の重みによって戦うのがふさわしい[52]」。

通説に有利な推定が働くという旧来の理論はこうして上記の学者に否定され、その後の数十年の間にこの理論は完全に雲散霧消しました。このことを示すためにごく僅かの、ただし私見によれば十分に証明力ある例を挙げることにしましょう。ザクセンの法学者であるグリブナーとグラーファイはすでに一七一三年と一七二〇年にそれぞれ、つぎのような見解を述べています。グリブナーによれば、争われている法的問題を「他人の意見に従って」判断すべきでない、とされ、グラーファイによれば、他人の意見は「理性という試金石に照らして評価しなければならない」とされます[53]。一八世紀中葉には、バイエルン法典の起草者であるクライトマイヤーがつぎのように書いています。今日では、ある特定の説をどれほど多くの学者が唱えているか、というのはもう重要でない。「なぜなら、ある特定の説を主張する学者の数は思うがままに増えたとしても、それでもそれが理性そのものに優位することは絶対に有り得ないから[54]」。ユストゥス・メーザーは一七七四年に、事柄を「(権威を引照するのではなく)理性に照らして論述するという新しい流行」を語っています[55](確かにかれはその際、この新たな傾向に自らも従いたいとまでいっているわけではありませんが、まさにそのことによって、そういう傾向が存在はしている、ということがはっきりするのです。)。最後に一七六九年には実務家がこんなことまで言い出します、「法学者の通説」に従ってはならない[56]! 通説に拠った論証は今や端的に御法度ということになったのです。通説に関する従来の議論はこうして瓦解しました。通説「が通説であるというだけで」は論拠として使いものにならないということが認識されたのでした。

二　通説の理論が瓦解したことの理由

旧来の通説理論を支えたのは、トーピクおよびそれと密接に結びついた蓋然性の理論でした。「権威による」(ab au(c)toritate) トポスは一般に承認された論拠を提供したのですが、その論拠は、「ある学問の専門家はその学問において信頼されるべきである」[57]という格率を基礎にしていました。若干のまたは大多数の専門家の意見が合致するような事例の場合にこの格率がいよいよもって妥当したというのも当然です[58]。この格率のより根本的な正当化は、伝統的なアリストテレスにおける蓋然性の概念[59]によってなされました、そうしてこの概念は一七世紀後半、初期近代の論理学にいたるまで受け継がれてきました。それによれば、蓋然的というのは「すべての者に、ほとんどの者に、または賢者にとって、さらにその賢者のうちのほとんど、すべてあるいは著名な者にとって、正しいと思われるようなこと」[60]です。このことから、専門家の一致した意見、つまり学者の「通説」は蓋然的真実にほかならない、ということになるのです。

さて、一七〇〇年前後からそれ以降、通説に関する旧来の法学的理論が解消されていったということは、この理論の哲学的基盤である旧来の蓋然性の理論がやはり一七〇〇年以降容認できなくなったということと対応しているのではないでしょうか[61]。そして、まさに実のところ、既に一七世紀のはじめにアリストテレス的な蓋然性概念がピエール・ガッサンディ[62]やデカルトによる批判に曝され始めるのです。デカルトは蓋然性については伝統的な理解にとどまってはいましたが、正にその故にかれは、「そのような伝統的な」たんに蓋然的な真実などはほとんど無価値であると断じたのでした。(63) 一六八九年には、今度はジョン・ロックが、権威による意見と蓋然性との伝統的関連を、渾身の力を込めて破壊しました。その『人間悟性論』においてかれは言います。「蓋然性が関わりをもつ命題とは、この命題が真であると確証はし得ないものの、真であると思うようないくつかの手がかりがある命題である」。この場合手がかりというのは「ある事柄そのものと我々自身の認識、観察および経験との一致」ならびに「そのような経験を援用する他者の提示する証拠」であるとされる。こういった手がかりの中にたんなる他人の意見というようなものは含まれません。なぜなら、ロックによれば、たんなる他人の意見ほど「信頼することが危険で誤導され易いもの」はないからです。(64) 権威への信頼は「蓋然性についての間違った尺度」なのです。(65)

ドイツでロックとほぼ同時期に同じような見方――もっともその哲学的基礎はロックと異なっていたと言った方が良いかもしれませんが――を広めたのは、やはりあの偉大な啓蒙家クリスティアン・トマージウスでした。トマージウスはその著『理性論入門』（一六九一）において曰く、「ここではまず、ある事柄が、多くの者によって、あるいはその中の最も賢明怜悧で、教養のある者によって真だと認められた、そういうものであっても、分別なしに直ちに蓋然的だ、とする必要はない」(66)。他人による証明は経験の問題に関してのみ信用できるので、理性の問題に関してそれを信頼することはできない。「理性の問題に関しては、他人の権威よりも自分が自然に同意し得るかどうかに目を向けねばならないから」[67]。トマージウスによれば、理性の問題は他人の意見でなく自ら行う省察と検証のみにかかっているのだ、というわけです。権威を信頼するということは、もはや蓋然性ある判断へ、ではなく、「先入見」へと導かれることになる[68]。したがって、トマージウスによれば、「権威による」トポスは思考に関する事柄には適用することは許されないのです。このように、トーピク一般に関してと同様、ここ〔通説理論〕でも、その旧い方法を批判し、非難したのは、どうやらハレの啓蒙であったようです。そして、トマージウスによる蓋然性理論批判および権威信仰批判は一八世紀を通じて普及しました。このことは一八世紀の講壇哲学にとって最も重要な二人の哲学者の例を挙げれば十分でありましょう。まず、クリスティアン・ヴォルフも蓋然性というものを、権威による意見を顧慮することなく定義し[69]、権威信仰を先入見だとしました[70]。半世紀後、カントは一八〇〇年に、要約します。「理性認識に関して、真であると判断する根拠を、他人の威信に置くならば、そうして得られた認識は〔理性認識ではなく〕たんなる先入見である」[71]。正しさの推定はもはや権威による意見の側に与しない。決定的なのは、自らの省察によって獲得された、実質的論拠なのです。

法学と哲学の発展がパラレルであったということはもうお分かりでしょう。一七〇〇年前後に従来の通説理論が批判され駆逐される、それと同時にその基礎をなしていた従来の蓋然性理論も崩壊したのです。そもそもなにゆえ蓋然性理論が崩壊したのかに、この講演で行った論証枠組の中で答える必要はないでしょう。それにわたくしには、いずれにしても最終的な答えを与えることはできないと思います。ある種の世俗化があったのだということは確実に言えるでありましょう、神から賦与された権威というのも実は人間なのであり、かれらによる〔権威ある〕意見をかれら自身が基礎づけなければならない、ということが認識された限りで。また、学問における人間の平等化といったようなこともありましょう。それは絶対主義による諸身分の平準化とパラレルな現象だと申せましょう。でもこれらはほんのさしあたりのキーワードにすぎません。(72)

結論として、とりあえず、熟練不要で、個別科学に親和的な「トポイ」について、つぎのような定式を立てることができます。この種のトポイで最も重要なもの、すなわち「権威による」(ab auctoritate) 論拠およびこれと関連する伝来の通説理論は、一七〇〇年前後以降、学問的立論から駆逐されていく。そうなったのは、啓蒙が権威による意見を蓋然的だと考えなくなったから、啓蒙が実質的論拠と自分自身の省察とを要求するようになったからである、と。

ですからここでもう一度言っておきたいのですが、トーピクが公理論的な体系思考に席を譲ったというフィーヴェークの主張は正しくありません。熟練不要で、「権威による」トポイを乗り越えたのは体系思考ではなく、認識の学問的基礎づけへの要請だったのです。仮に法学が体系的公理論的ではありえないとしても、だからといって法学を、権威による意見による前学問的基礎づけへ、そして それとともに「熟練不要」のトーピクへ、と復帰させるべきでありません。そこで、「熟練不要」のトーピクから学ぶべきものは、法学方法論のなかには、当然のことながら、もはや何も残っておらず、そしてそれで良い、ということができるのです。

さて、皆さんから二つほど反論があり得るでしょう。

一つめの反論として考えられるのは、通説というのは明らかに、啓蒙を経験したにもかかわらず、法学的な論拠として生き残った、というものです。それはその通りですが、しかし議論のレヴェルを区別しないといけません。[73] 学問的討議の場では、わたくしの見るところ、権威による論拠はもはや使いものにならなくなったし、これからも使いものにはならないのです。これに対して法の実務家や素人は、その種の論拠なしにやってはいけません。そもそもこの局面では、権威による論拠を持ち出すのをなぜ断念せねばならないかが、明らかでないだろうと思います。啓蒙の要請というのは、人はみな自分自身の悟性を使用すべきだ、ということだったし、今もそうです。けれども、この要請が（素人の場合のように）主観的な事情で、または（時間に追われた実務家のように）客観的な事情で実現不可能なら、権威による論拠も許容されざるをえないでしょう。このことは裁判所にも、少なくとも下級裁判所には、当てはまると思われます。

第二の反論は、法学の内部であっても、いわば、法律に基礎をおく確実な論証の下層では、法原則・法規則に基づいて論を立てることが可能でなければならないのではないか、というものです。このことも私は認めます。しかし、こういった原則・規則は、専門家の多数意見だということだけで認められる旧来のトポイと本当に同列に論じ得るのでしょうか。今日我々の持つ法原則は、その他のディシプリーンも持っている、［より一般的な］学問的な法則のステイタスを獲得している、と言えるのでないでしょうか。ある物理学者が力学の基本法則を適用した場合、彼はたんに通説に基礎を置いたのではなく、数学と実験によって確証された、実質的な理論に拠っているのです。特殊法学的に基礎づけられているにせよ、これに対応する理論というものを法学においても想定することはできます。契約締結の際の過失（culpa in contrahendo）（契約締結以前に契約の相手方に与えた損害に対する責任。例えば、売主が既に売却したものを買主に見せたときなどに右の責任が発生し得る。）とか「第三者保護効を持つ契約」（Vertrag mit Schutzwirkung für Dritte）といった法制度は、法律家の通説というものよりも遥かに幅広いがっしりとした基礎を有しています。それでもその種の原則を「トポイ」という人があるかもしれません。それならば、しかしその種の原則が、旧来のトーピクにおける「熟練不要の」トポスとは無関係だということをはっきりさせておかねばなりません。要するに、法原則に基づく、許容されかつ必要な立論は、伝統的なトーピクの再生へ必然的に帰着するようなものではないと、わたくしは思います。

結　語

要約してみましょう。伝統的なトーピクは法学方法論からは消滅してしまいました。それはトーピクが近代的な（啓蒙的な）意味での学問的基礎づけという要求を満たさなかったからです。「熟練を要する」で形式的な論拠は事案に関する実質的認識を含まないものだったし、「熟練不要の」権威による論拠は、基礎づけられた、思考において追体験可能な、認識というものをそれ自体としては与えてくれるものでなかった。だから両者とも消滅することになったのです。

伝統的な「熟練を要する」トーピクはそれでも今日でも知的訓練のための素材としては、そして類推（Analogie）や対立による論拠（Arg. e contrario）といった「熟練を要するトーピク」の残滓をよりよく理解するには、面白いかもしれません。熟練不要の権威的論拠は実務においては意義があります。しかし、法学的の認識も含めた実質的認識に関する限り、この二つのトーピク思考は我々の学問理解と両立しません。形式的な論拠は実質的認識の背後にあり、権威的論拠は実質的認識の前に立っているといっても良いでしょう。本来的に学問的な方法は、その両者の間にあるものに標的を定めるのです。

（1） Theodor Viehweg: Topik und Jurisprudenz, München 1953.

（2） Theodor Viehweg: Topik und Jurisprudenz. Ein Beitrag zur rechtswissenschaftlichen Grundlagenforschung, 5. durchgesehene und erweiterte Auflage, München 1974.

（3） Robert Alexy: Theorie der juristischen Argumentation. Die Theorie des rationalen Diskurses als Theorie der juristischen Begründung, Frankfurt am Main 1978.

（4） Franz Wieacker: Privatrechtsgeschichte der Neuzeit, 2. Aufl., Göttingen 1967, S. 596f.; ders.: Zur praktischen Leistung der Rechtsdogmatik, in: Hermeneutik und Dialektik, II（Tübingen 1970）, hrsg. von Rüdiger Bubner u. a., S. 311ff.（326-332）; ders.: Zur Topik-Diskussion in der zeitgenössischen deutschen Rechtswissenschaft, in: Xenion. Festschrift für Pan. J. Zepos, Athen etc. 1973, I, S. 391-415; Franz Horak: Rationes decidendi. Entscheidungsbegründungen bei den älteren römischen Juristen bis Labeo, 1. Band, Aalen 1969, S. 45-64; Gerhard Otte: Zwanzig Jahre Topik-Diskussion: Ertrag und Aufgaben, in: Rechtstheorie 1（1970）, S. 183-197. これらの文献にはトーピクをめぐる議論についてさらに文献の紹介がある。さらに以下も参照せよ、Karl Larenz: Methodenlehre der Rechtswissenschaft, 6. Aufl., Berlin etc. 1991, S. 145ff.; R. Alexy（Fn. 3）, Einleitung, 3.（S. 39ff. der 2. Aufl., Frankfurt am Main 1991）.

（5） Rudolph Agricola: De Inventione Dialectica libri tres（1515, zitiert nach der zweisprachigen Ausgabe von Lothar Mundt, Tübingen 1992）, lib. 1, cap. 2, S. 16f., 18f., アグリコーラはしかし、「発見」しか扱っていない；Petrus Ramus: Dialecticae Institutiones, Paris 1543, fol. 8 r/v. 一六世紀におけるキケロ的な論理学については Wilhelm Risse: Die Logik der Neuzeit, 1. Band: 1500-1640, Stuttgart/Bad Cannstatt 1964, S. 14ff., 122ff. を見よ。

（6） いずれにせよ、ペトスル・ヒスパヌスの有名な「論理学集成」Summulae Logicales においてはそうである。この作品の現代化された版として Peter of Spain（Petrus Hispanus Portugalensis）: Tractatus, called afterwards Summule logicales, hrsg. von L. M. de Rijk, Assen 1972, S. 55-78・(=Tractatus V にあたり、場所 De locis を扱う。他方、Tract. IV では三段論法 (De sillogismis) が、Tract. VI では代表 (De suppositionibus [suppositio を代表と訳すのは、坂本百大・坂井秀寿共著『新版現代論理学』東京、一九八四年、二八七頁以下に拠る。]) が、そして最後に Tract. VII では謬見 (De fallaciis) が、それぞれ扱われている。)

(7) 例えば Bartholomaeus Keckermann : Systema Logicae, 2. Ausg., Hanau 1603, lib. III, tract. I : De syllogismis. Sect. I : De syllogismo in communi, sect. II : De syllogismo certae materiae (ここでトーピクも扱われている。), sect. III : De syllogismo apparenti et fallaci ; Joachim Jungius : Logica Hamburgensis (1638), 2. Ausg., Hamburg 1681, neu hrsg. von Rudolf W. Meyer, Hamburg 1957, lib. 4 : Logica apodictica, lib. 5. : Dialectica (=トーピク), lib. 6 : Sophistica. 一七世紀初頭のドイツにおける論理学については W. Risse (Fn. 5), S. 440ff. を参照。

(8) 一七・一八世紀に定着した理解によれば、さしあたり本文に叙述したようになる。この理解によれば鍵用語たる probabilis というラテン語は、ほぼ wahrscheinlich [ここでは蓋然的と日本語訳した] というドイツ語にあたる (Immanuel Kant : Logik. Ein Handbuch zu Vorlesungen, Königsberg 1800, Einleitung, X., S. 126 : "Wahrscheinlichkeit (*probabilitas*)")。これに対して中世においては、probabilis はドイツ語の annehmbar [日本語ならば差し当たり「そのように仮定できる」] にあたる。この場合には、論理的必然とトーピク的 probabilitas とは相互に排他的関係に立たないことになる。Gerhard Otte : Dialektik und Jurisprudenz. Untersuchungen zur Methode der Glossatoren, Frankfurt am Main 1971, S. 187 を参照せよ。

(9) これらの例は J. Jungius (Nn. 7), lib. 5, cap. 22, Nr. 20 (S. 322), cap. 23, Nr. 42 (S. 327), cap. 28, Nr. 11 (S. 339).

(10) いろいろな版の情報について参照、Otto Vervaart, Studies over Nicolaas Evaraerts (1462-1532) en zijn Topica, 1994, S. 246f.

(11) ここで私が利用したのは Stephanus de Phedericis : De Interpretatione Iuris Commentarii IIII, Lugduni 1536 という版である。この版は Otto Vervaart（Fn. 10）には記載されていない。フェデリチスの解釈理論についてはさらに Vincenzo Piano Mortari : Ricerche sulla teoria dell' interpretazione del diritto nel secolo XVI, I : Le premesse, Milano 1956, S. 12f. ; Peter Raisch : Juristische Methoden. Vom antiken Rom bis zur Gegenwart, Heidelberg 1995, S. 34f. を参照。

(12) De Phedericis（Fn. 11）, pars 1, S. 12.

(13) De Phedericis（Fn. 11）, pars 1, S. 16-54.

(14) Valentin Wilhelm Forster : Interpres, sive de Interpretatione Juris libri duo, Wittenberg 1613. 以下ではこの作品も含まれている次の復刻版から引用する、Everardus Otto（Hrsg.）: Thesaurus iuris Romani, II, Leiden 1726, Sp. 945-1068. フォルスターの作品についてはさらに参照、Jan Schröder : Juristische Hermeneutik im frühen 17. Jahrhundert : Valentin Wilhelm Forsters "Interpres", in : Dieter Medicus u. a.（Hrsg.）: Festschrift für Hermann Lange zum 70. Geburtstag, Stuttgart 1992, S. 223-243 ; P. Raisch（Fn. 11）, S. 72-75.

(15) V. W. Forster（Fn. 14）, lib. 2, cap. 2, § 1 Nr. 1-17. Sp. 1009-1011.

(16) V. W. Forster（Fn. 14）, lib. 2, cap. 2, § 1 Nr. 18-24, Sp. 1011-1014. 尚、Hugo Donellus : Commentarii de Iure Civili, I（1589）, lib. 1, cap. 14 も参照せよ。

(17) Christian Thomasius : Ausübung der Vernunft-Lehre, Halle 1691, 3. Hauptstück, §§ 65ff., S. 181ff. トマージウスの解釈理論 Hermeneutik については Jan Schröder : Christian Thomasius und die Reform der juristischen Methode, Leipzig 1997, S. 28-32 ; Lutz Danneberg : Die Auslegungslehre des Christian Thomasius in der Tradition von Logik und Hermeneutik, in : Friedrich Vollhardt（Hrsg.）: Christian Thomasius（1655-1718）; Neue Forschungen im Kontext der Frühaufklärung, Tübingen 1997 を参照。

(18) この問題について概観を与えるのはL. Oering-Hanhoff : Dialektik III., in : Historisches Wörterbuch der Philosophie, II (1972), hrsg. von Joachim Ritter, Sp. 175ff., bes. 183f.

(19) Francis Bacon : De dignitate et augmentis scientiarum libri IX (engl. Erstausgabe 1605), lib. 5, cap. 3 (=The Works of Francis Bacon, Ndr. der Ausgabe London 1857-1874, I, Stuttgart-Bad/Cannstatt 1963, S. 633f.) の冒頭部分をみよ。

(20) René Descartes : Epistola ad G. Voetium, in ders. : Oeuvres, hrsg. v. Charles Adam und Paul Tannery, VIII-2, Paris 1965, S. 1ff. (50f.).

(21) René Descartes : Regulae ad Directionem Ingenii, in ders. : Oeuvres (Fn. 20) X, Paris 1966, S. 406 (aus Regula X).

(22) Antoine Arnauld/Pierre Nicole : La Logique ou L'Art de penser (6. Ausg. 1685), deutsche Ausgabe : Die Logik oder die Kunst des Denkens, übers. und eingel. von Christos Axelos, 2. Aufl. Darmstadt 1994, 3. Teil, Kap. 17, S. 222.

(23) Wie vorige Fn., S. 224.

(24) Immanuel Kant : Critik der reinen Vernunft, 2. Aufl. Riga 1787, S. 324f.

(25) Karl-Heinz Ziegler, in : Handwörterbuch zur deutschen Rechtsgeschichte (HRG), hrsg. von Adalbert Erler und Ekkehard Kaufmann, II (1978), Sp. 1350f. に概観がある。他にWolfgang Georg Schulze : Die laesio enormis in der deutschen Privatrechtsgeschichte, Jur. Diss. Münster 1973とか、近時の作品として Christoph Becker : Die Lehre von der laesio enormis in der Sicht der heutigen Wucherproblematik, Köln etc. 1993がある。

(26) 既にChristian Thomasius : Dissertatio juris inauguralis De aequitate cerebrina L. II C. de rescind. Vendit. et ejus usu practico (Resp. Johann Friedrich Stützing), Halle 1713がそうである。これについて

Klaus Luig : Bemerkungen zum Problem des gerechten Preises bei Christian Thomasius（1655-1728）, in : Karl-Heinz Pollok（Hrsg.）: Tradition und Entwicklung. Gedenkschrift fur Johann Riederer, Passau 1981, S. 167ff. を見よ。

（27） 例えば Heinrich Dernburg : Pandekten, 2. Band, 5. Aufl., Berlin 1897, §102, 2., S. 284 を見よ。

（28） Philipp Melanchton : De dialectica libri IV recogniti, Wittenberg 1534, fol. E 7v/E 8r をみよ。本文に示したような、拡張された枠組が提示されるのは ders. : Erotemata dialectices, Wittenberg 1548, 54v 以下である。これについては Jan Schröder : Die ersten juristischen "Systematiker", in : Maximiliane Kriechbaum（Hrsg.）: Festschrift für Sten Gagnér zum 3. März 1996, Ebelsbach 1996, S. 111ff.（118-120）を参照されたい。一八世紀に至る議論の展開については ders. : Die privatrechtliche Methodenlehre des Usus modernus, in : Dieter Simon（Hrsg.）: Akten des 26. Deutschen Rechtshistorikertages Frankfurt am Main, 22. Bis 26. September 1986, Frankfurt am Main 1987, S. 253ff.（273-277）を参照。

（29） Bartholomaeus Keckermann : Systema Logicae, compendiosa methodo adornatum pro iis, quorum captus artem brevem et facilem desiderat, 2. Ausgabe, Hanau 1603, S. 149f.

（30） 例えば Johann Brunnemann : Enchiridion Logicae Iuridicae, bearb. von Johann Christoph Hartung, Jena 1716, S. 295f.

（31） Wolfgang Adam Lauterbach : Collegium Theoretico-practicum ad quinquaginta Pandectarum libros, hrsg. Von Ulrich Thomas Lauterbach, 3. Bände,（erstmals）1690-1722.

（32） Filippo Ranieri によって示されたデータが Jan Schröder : Usus modernus（Fn. 28）, S. 276 に挙がっている。

（33） Christian Thomasius : Vorrede（Vom 30. September 1682）zu Johannes Strauch : Dissertationes ad-Jus Justinianum privatum, Jena 1716, fol. D 2v/3r.

(34) Jacob Friedrich Ludovici : Doctrina Pandectarum (1709), 2. Ausg. Halle 1714, praefatio, A 5r (スコラ哲学について).

(35) Justus Henning Böhmer : Introductio in Ius Digestorum (1704), 2. Ausg. Halle 1714, Praefatio A 4v (従来の方法論について).

(36) Justus Henning Böhmer : Succincta manuductio ad methodum disputandi et conscribendi disputationes juridicas (1703), 2. Ausg., Halle 1730, S. 115.

(37) フィーヴェーク以来の最近の議論で全然注意の払われていないことなのだが、もとよりかようなトポイは、法的な規則 (rechtliche Regeln)、原則 (Prinzipien)、あるいは価値判断を与える際の視角 (Wertungsgesichtspunkte)、といったことと単純に同一ではない。少なくともより厳格な用語法に従えば、法規則 (axiomata) は、論拠の規則であるトポイ (loci) とは区別されている。例えば Augustin Barbosa : Tractatus varii, Lyon 1699. を見よ。「研究1：よく利用される法規則について」(Tractatus I (S. 1-139) De axiomatibus Juris usufrequentoribus) では、法規則の見出し語がアルファベット順に整理された形で扱われている。例えば「罪からの解放」(absolvere) という項目にはつぎのような法規則が付されている、「有罪の判決を下せる者は、ある者を無罪だということができる」(absolvere potest, qui potest condemnare.)。これに対して「研究3：論拠において共通のトポイ」(Tractatus III (S. 287-321) "De locis communibus argumentorum") が扱うのは、論拠の規則の見出し語がアルファベット順に整理された形で扱われている。例えば「罪からの解放から」(ab absolutione) という項目にはつぎのような論拠規則が付されている。「罪からの解放から破門に至るまで、およそ論拠の威力は絶大である」(ab absolutione ad excommunicationem quoad omnia valet argumentum.)。とはいえ、既に一七世紀には、法規則と論拠の規則とが混在するような叙述もあった。例えば Barbosa の作品を改訂したタボーア父子の作品を見よ、"Thesaurus locorum communium jurisprudentiae ex axiomatibus Augustini Barbosae et analectis Joh. Ottonis Taboris, aliorumque, concinnatus, 2. Ausg., besorgt von Tobias-Otto Ta-

bor, Straßburg und Frankfurt 1670. この混在に特徴的なことには、つぎのような用語法の揺れが見られる。共通のトポイ"loci communes"がテーマであるにもかかわらず、テクストの小見出しには常に［法規則を示す］"axiomata"が用いられているのである。

(38) 通説についての法学的理論の展開については Gero Dolezalek : Herrschende Lehre (communis opinio), in : HRG (Fn. 25) II (1978), Sp. 113-116 ; Jan Schröder : "Communis opinio" als Argument in der Rechtstheorie des 17. und 18. Jahrhunderts, in : Gerhard Köbler (Hrsg.) : Wege europäischer Rechtsgeschichte. Karl Kroeschell zum 60. Geburtstag, Frankfunt am Main 1987, S. 404-418.

(39) 基本的なのは Woldemar Engelman : Die Wiedergeburt der Rechtskultur in Italien durch die wissenschaftliche Lehre, Leipzig 1938, besonders S. 209-227.

(40) Johannes Andreae : In quinque Decretalium libros Novella Commentaria（一三〇〇年以降に出来), I, Venedig 1581, zu X1, 2, 1 (Nr. 26, fol. 12r).

(41) 典拠は Jan Schröder : Zur rechtlichen Relevanz der herrschenden Meinung aus historischer Sicht, in : Jürgen F. Baur (Hrsg.) : Das Eigentum, Gottingen 1989, S. 143ff. (150).

(42) 以下の文献における要約的記述を見よ、Andreas Alciatus : Tractatus de Praesumptionibus, regula I, praesumptio 51, in ders. : Opera, IV, Basel 1582, Sp. 750-752 ; Jacobus Menochius : De praesumptionibus, coniecturis, signis et indiciis commentaria, I, Venedig 1617, lib. 2, praes. 71 (S. 221-224) ; Josephus Mascardus : Conclusiones probationum omnium…（一五八八年初出), III, Frankfurt am Main 1717, concl. 1144 (S. 224-226).

(43) 他の学者も引照しながらこう論ずるのは Ulrich Zasius : Opera Omnia, Lyon 1550, I, Sp. 354, Nr. 31 (S. 179). なお、J. Schröder (Fn. 38), S. 408 を参照せよ。

(44) 例えば A. Alciatus (Fn. 42), Sp. 751. その他の例は J. Schröder (Fn. 38) に挙げてある。

（45） U. Zasius : Opera omnia（Fn. 43）, V, Sp. 67, Nr. 11 ; さらに J. Menochius（Fn. 42）, Nr. 48, S. 224 をも見よ。

（46） 註（42）を見よ。

（47） U. Zasius : Opera omnia（Fn. 43）, Sp. 354, Nr. 32.

（48） Benedict Carpzov : Responsa juris electoralis, 1658, lib. 3, tit. 7, resp. 67. Nr. 9（S. 619）; lib. 6, tit. 7, resp. 70, Nr. 6/7（S. 1439）; lib. 5, tit. 7, resp. 65, Nr. 415（S. 1113）; Johann Brunnemann : Commentaria in L libros Pandectarum（一六七〇年初出）, 1762, zu D. 1, 3, 23（S. 9li. Sp.）, ders. : Consilia sive responsa academica, hrsg. v. S. Stryk, 2. Aufl., 1704, Cons. 162, Nr. 648（S. 739）; David Mevius : Consiloia posthuma, besorgt v. O. P. Zaunschliffer, 171, Cons. 111, Nr. 75（S. 504）; Wolfgang Adam Lauterbach : Collegium Pandectarum theoretico-practicum, hrsg. V. U. T. Lauterbach（一六九〇—一七一一に初出）, 6. Aufl., 1784, I, lib. 1, tit. 13, § 1（S. 124）; II, lib. 20, tit. 2, §. 47（S.62）; Georg Adam Struve : Syntagma Jurisprudentiae secundum ordinem Pandectarum concinnatum, mit Zusätzen von Peter Müller, 1692, I, exerc. 2, Nr. 51（S. 94）.

（49） Samuel Stryk : Specimen usus moderni Pandectarum, ad V libros priores（1690）, 4. Ausgabe, Halle 1713, lib. 1, tit. 2, § 13（S. 66）.

（50） Jan Schröder（Fn. 38）, S. 415 に実証がされてある。トマージウスについては以下の註（66）—（68）に対応する本文をも見よ。

（51） Justus Henning Böhmer : Exercitationes ad Pandectas, V, Hannover und Göttingen 1762, S. 374.

（52） Justus Henning Böhmer : Ius ecclesiasticum Protestantium, II, 4. Ausg., Halle 1743, lib. 3, tit. 5, § 255（S. 480f.）.

（53） Michael Heinrich Gribner : De observantiis collegiorum juridicorum, ad § 49 Resol. Gravam. de

Anno 1661 (1713), in ders.: Selectorum opusculorum iuris publici tomi IV (Halle 1722), IV, S. 42-92 (46); Adam Friedrich Glafey: Grund-Sätze der Bürgerlichen Rechts-Gelehrsamkeit nach Ordnung derer Institutionum, Leipzig 1720, S. 7.

(54) Wiguläus Aloys Xaver v. Kreittmayr: Anmerkungen über den Codicem Maximilianeum Bavaricum Civilem, 1. Theil (1758), München 1791, S 102.

(55) Justus Möser: Patriotische Phantasien, I (1774), 22. Stück, Frankfurt und Leipzig 1780, S. 134.

(56) Johann Friedrich Eisenharts Erzählungen von besonderen Rechtshändeln, 3. Teil. Halle und Helmstedt 1769, S. 23. (Regina Ogorek: Richterkönig oder Subsumtionsautomat? Zur Justiztheorie im 19. Jahrhundert, Frankfurt am Main 1986, S. 179 Anm. 6 による。)

(57) 上記註(9)に対応する本文を見よ。中世論理学の例として Petrus Hispanus (Fn. 6), Tract. V, 36 (S.75 f.); 初期近代の論理学の典型として P. Melanchthon: Erotemata (Fn. 28), fol. 175r.

(58) J. Jungius (Fn. 7), lib. 5, cap. 28, Nr. 11, S. 339 を参照。当該箇所によれば、専門家に、かれらの専門とする分野について従わなければならないのは、特に、かれらの意見が互いに一致したときである、とされる。

(59) probabilis を「蓋然性」と等値することについて上記註(8)。

(60) Atistoteles: Topik, A 1 (100b 21-23). さらに以下も見よ、Petrus Hispanus (Fn. 6), Tract. VII, 8. (S. 91); J. Jungius (Fn. 7), lib. 5, cap. 1, Nr. 4, S. 245. (ユンギウスはここで既に probabilis と verisimilis とを等値させる。したがって、probabilis を「蓋然的」と翻訳するのに問題はない。ユンギウスは同書の五四八頁でも右の等値をおこなう。)

(61) 権威に基づく論拠の価値が一七世紀の哲学において低下してゆくことに関して以下の文献を見よ、Rainer Specht: Autoritätsargument und Erfahrungsargument im 17. Jarhundert, in: Jan Schröder (Hrsg.): Entwicklung der Methodenlehre in Rechtswissenschaft und Philosophie vom 16. bis zum 18. Jahrhun-

dert, Stuttgart 1998, S. 47-61.

(62) Petrus Gassendi : Opera Omnia, I (1658, Ndr. 1964), S. 117f. ここでは「意見」を顧慮することなく蓋然性という概念が定義されている。

(63) René Descartes : Discours de la méthode (1637), 1. Teil, Nr. 12.

(64) John Locke : An Essay concerning Human Understanding, 4. Buch, 15. Kapitel, Nr. 4, 6. Übersetzung im Text von Carl Winckler nach der deutschen Ausgabe Hamburg 1968, II, 345, 347.

(65) Op. cit. 4. Buch, 20. Kap., Nr. 7. (deutsche Ausg. II, S. 425).

(66) Christian Thomasius : Einleitung zu der Vernunft-Lehre, Halle 1691 (Ndr. 1968), S. 227.

(67) C. Thomasius : Ausübung (Fn. 17), 1. Hauptstück, Nr. 99, S. 48.

(68) Op. cit. S. 304.

(69) Christian Wolff : Philosophia Rationalis sive Logica (1728), §§ 578, 580.

(70) Op. cit. §§ 1011, 1013.

(71) I. Kant : Logik (Fn. 8), Einleitung, IX., S. 120.

(72) R. Specht (Fn. 61), S. 49f.も参照せよ。

(73) J. Schröder (Fn. 41), S. 159ff.

(訳　注)

(訳注1) 第五版(一九七四年)を定本とした邦訳として、Th. フィーヴェク、植松秀雄訳『トーピクと法律学』一九八〇年、木鐸社がある。

(訳注2) これは **wahrscheinlich** の訳である。日本語で「確からしい」と訳すと「本当は嘘である」という含意を惹起しかねないので、これを避けるために「蓋然性ある」と訳すこととする。

（訳注3）　古典的論理学で扱われる命題はつぎの四つの基本的な型に分類され、それぞれの型は各々A、E、I、Oと呼ばれる。A（全称肯定命題）：すべてのSはPである。（例：すべての人間は生物である。）—E（全称否定命題）：すべてのSはPでない。（例：すべての犬は人間でない。）—I（特称肯定命題）：あるSはPである。（例：ある人間は男である。）—O（特称否定命題）：あるSはPでない。（例：ある人間は男でない。）S、Pには普通名詞（または名辞、概念なども）のみが代入され得る。古典論理学は、三段論法において、上記の命題の組み合わせのうち、成立するものが二四個しかないという結論に達し（この数え方に関し、現代論理学の見地からは問題点があるようだが、これについて詳論は差し控える。）、そのうち一九個については覚え歌にまとめられた。**Barbara, Celarent, Darii etc.** は、その覚え歌の冒頭部分の節に含まれるもので、この節は第一格（大・中・小概念の組み合わせ方に従がって全部で四つの格がある。詳細は省略する。第一格の場合は大前提（中概念・大概念）・小前提（小概念・中概念）・結論（小概念・大概念）という配列になる。）に属する。ひとつひとつの語（たとえば **Barbara**）は、論理学上の命題の型を示している。命題の型は、語のなかに挿入されている母音によって示される最初の三つのA、E、I、Oの文字の組み合わさり方によって示される。**Barbara** という語は、従って、大前提Aかつ小前提Aなら結論Aという式が成り立つ、ということを示している。例えば：大前提：(A)すべての動物（中概念）は生物（大概念）である。(A)小前提：すべての人間（小概念）は動物（中概念）である。(A)結論：すべての人間（小概念）は生物（大概念）である。—**Celarent** は第一格の **EAE** である。大前提(E)：すべての植物（中概念）は動物（大概念）でない。(A)小前提：すべてのチューリップ（小概念）は植物（中概念）である。(E)結論：すべてのチューリップ（小概念）は動物（大概念）でない。**Darii** は **AII** の第一格である。やや不適切な例でいくと：大前提(A)：すべての哲学者（中概念）は幸福（大概念）である。小前提(I)：ある人（小概念）は哲学者（中概念）である。結論(I)：ある人（小概念）は幸福（大概念）である。

（訳注4）　**Dialektik** の語については、訳注10をも参照。

（訳注5）　以下これらの語をすべて「トポス」および「トポイ」（複数）と表記する。

（訳注6） kunstvoll と kunstlos とは対の概念である。この区分はアリストテレスに由来する。ただし、本文で著者が依拠するのは、ヨアヒム・ユンギウスがおこなった区分で、著者はこれをつぎのように理解している。すなわち、類似のトポス（「類似のものは同じように取り扱わねばならない」）のような、knstvoll なトポスの場合には、形式に実質を満たすために、ある種の熟練が必要である。たとえば、リース契約は賃貸借契約や雇用契約と類似している。したがって、リース契約の場合にも、重大な理由に基づく解約告知の権利が認められる、と推論される。このトポスを用いるのには、なんらかの要領・コツが必要である。これに対して、「通説」の論拠、すなわち kunstlos な論拠を用いる場合、そのような熟練は要しない。この場合には直ちに適用できる実質的命題が、すでに含まれているからである。通説に従わなければならない、ということから、通説によれば、リース契約には「重大な理由に基づく解約告知」の権利が含まれていると直ちにいうことができる。（著者は編者からの質問に以上のように答えた）。そこで、kunstvoll と kunstlos の訳語には、それぞれ「熟練を要する（要熟練の）」「熟練不要」のという語を当てることにした。

（訳注7） Cf. D. 18. 1. 6. pr.

（訳注8） イタリア北部ロンバルディーアの一都市。

（訳注9） ここでは柳原正治の訳に従う。参照、ミヒャエル・シュトライス編、佐々木有司・柳原正治訳『一七・一八世紀の国家思想家たち――帝国公（国）法論・政治学・自然法論――』東京一九九五、三七六頁。

（訳注10） 一五〇〇年前後まで弁証法の語は論理学の総体を指示することが多かった。一七世紀以降基本的に例外を許さない論理学を、実質的価値判断を含む弁証法から区別する傾向が生ずるが、カントに至るまではなお厳格な区別は存在せず、論理学は分析学 Analytik と弁証法とに分類される。デカルトの『精神指導の規則』（Regulae ad directionem ingenii, 1620-1628）は伝統的な用語法に従う。そうしておいてカズイスティックな従来の思考方法のすべてに批判を加えようというのがデカルトのここでの意図である。その限りでシュレーダーによってトーピク批判の文脈でこの箇所が引用されることにも理由がある。

訳注

守矢健一訳

（訳注11） **C. 4, 44, 2 :** Impp. Diocletianus et Maximianus AA. Aurelio Lupo. Rem maioris pretii si tu vel pater tuus minoris pretii distraxit, humanum est, ut vel pretium te restituente emptoribus fundum venditum recipias auctoritate intercedente iudicis, vel, si emptor elegerit, quod deest iusto pretio recipies. Minus autem pretium esse videtur, si nec dimidia pars veri pretii soluta sit.（試訳）「汝または汝の父がある物［ここでは土地］を実際の価格に比して余りに低額で売ってしまった場合、あるいは審判人 iudex の権威の下で、購入代金を返却した上で売却した土地を取り戻すか、あるいは、もし買主がこちらを選択するのであれば、適切な代金に足りない額を汝は受け取る、というのが適切なやり方であろう。余りの低額と評価されるのは、真正の額の半分未満が支払われた場合である」。

（訳注12） **Causa materialis.** 実質的ないし偶然的な存在がそこから成立してくるところのもの。

（訳注13） **Causa formalis.** 実質的ないし偶然的存在に、実質を形成し且つその存在を与える内的原因。

（訳注14） **Causa efficiens.** 自らとは異なったものを生み出すような原因。この原因とともに効果が発生し、この原因なしには効果が発生しない。すべての作用因は第一の原因を頂点としたヒエラルヒー的な作用連関の部分に位置づけられる。

（訳注15） **Causa finalis.** ある事柄の目的にとっての原因。それがあるから何かがなされるところのもの。

（訳注16） ハレ大学が創立したのは一六九二／九四年。

法における類推の歴史と正当性について

はじめに[訳注1]

類推は、ご承知のように、法律家にとって、一千年の昔からある方法上の道具であり、おそらくは最も重要なものです。その原理はごく単純で明解なものであるようにみえます。われわれは、法律に規定された事例から、法律に規定されていなくとも法的に類似する事例へと推論をおこなっています。一ヵ条の法律上の規定から推論する場合が、「個別類推」です。複数の法律上の規定から推論する場合が、「法類推」ないし「全体類推」[1]です。たとえば、ドイツ民法典の六二六条[訳注2]から、継続的債務関係は重大な事由を理由として解約告知されうるという原理を引き出します。つぎに、この原理を賃貸借契約に転用したり、リース契約やフランチャイズ契約のような新しい契約類型に転用したりします。この原理をドイツ民法典六二六条だけからではなくて、（民法上の組合にかんする）ドイツ民法典七二三条(訳注3)をも根拠にして導くとすれば、もはや個別類推にとどまるものではなくて、すでに全体類推をおこなっているわけです。いずれにしてもつねに、類推は、第一段階では、法律上の規定から一般的な原理への上昇であり、第二段階では、法律に規定されていなくとも第一段階におかれた事例に法的に類似する事例への下降なのです。

以上に述べたことは、当たり前のことにみえるため、現代のたいていの法律家は、いつの時代でもそうだったと想定しがちです。しかし、決してそうでありません。類推は、一五〇〇年以降の時代にかぎってみても、波瀾に富んだ歴史を引きずっています。類推は、法律の欠缺を補充するための補助手段であるとされたこともあれば、法律解釈の道具にすぎないとされたこともあります。類推は、法文相互間の矛盾・対立を除去するために用いられていますし、さらには、諸々の法体系全体を構築するためにも用いられています。類推を、法律にもとづく法発見と考える人々もいれば、実は裁判官による自由な法創造を隠蔽するものにほかならないと考える人々もいます。そればかりか、アナロギーという名称ですら、それが登場したのはせいぜい二五〇年ほど前のことですし、今日理解されている意味での「法類推」にいたっては、ようやく一九世紀になって初めて語りうるにすぎません。類推の歴史は、したがって、独自の、実りの多い研究領域であり、いわば、法学方法論の展開の集約点なのです。こういうわけで、類推の歴史は、今世紀になって何度も取り上げられてきました。語義の歴史については、一九〇六年のヨーハン・ファルクの学位論文(2)がありますし、内容の歴史については、とりわけ、ノルベルト・ボッビオ(3)やアルトゥール・シュタインヴェンター(4)の諸研究を挙げることができます。わたくし自身は、半年ほど前に論文を発表して、そのなかで、類推の歴史を、一六世紀から歴史法学派にいたる時期について、その解釈学上の背景や論理学上ならびに認識論上の背景に立ち入って、もっと解明しようと試みました(5)。

わたくしには、皆さん方にこの論文の内容をそのまま全部お話しするつもりはありません。なによりも、そうすると二時間ばかりを要するでしょうし、論文には語義や概念の歴史についてのほんとうに無味乾燥な記述が延々と続く箇所も含まれているからです。そこで、わたくしが示したいと思うのは、展開の筋は筋でも、わたくしにとって前述の研究の最も重要な成果と思われ、しかも、わたくし自身が現代の類推論をもっとよく理解するうえで役に立った、そういう筋であります。それは、類推というものがそもそも方法論的にいかに正当化されうるのか、という今日でもなお決着のついていない中核的な問題であります。

現代のドイツ語圏の文献において、この問題は不明瞭で議論のあるところです。たしかに、今日でもなお、類推の理解について、歴史法学派によるものが支配的であり、それによると、類推は法律にもとづく法発見であって方法論的に正当性をもっているとされます(ラーレンツ、エンギッシュ、カナリス、ビドリンスキ(6))。しかし反対説では、類推にもとづく裁判は、方法論的に疑問の余地があり、つまるところ、法律にもとづく法発見などではなくて、せいぜいのところ、裁判官による自由な法発見であるとされます。この見解は、自由法運動以来さまざまなかたちをとって主張されています。この見解は、今日ではとりわけ、テュービンゲン大学の法理論家であり比較法学者であるヨーゼフ・エッサーとかれの学派にみられるものです。[7] かれらによる批判の論拠はいくつかありますが、ほぼつぎのように要約されます。類推は、［第一に］法律の解釈（Interpretation）としての正当性をもたない。通説からしてすでに、類推は法律のありうべき語義の範囲を超えるものであるから、解釈（Auslegung）ではないと認めているではないか、と言うのです。[8]［第二に］類推は、論理学上も正当化されない。論理学的にみて有無を言わせない推論は、つねに、完全帰納法にもとづく推論だけです[訳注4]（ミュラー夫妻にはA、B、Cの三人の子供がある。AもBもCもブロンドの髪をしている。それゆえに、ミュラー夫妻のすべての子供はブロンドの髪をしている）。ところが、類推にもとづく推論は、「法類推」がそうですが、不完全帰納法にもとづく推論であり、この推論は、未知の諸事例についての言説をもつねに含んでいます。この点について、たとえばエッサーはつぎのように述べています。すなわち、歴史法学派の想定によれば、制定法は内面的な有機的連関を示すのであり、法規（Rechtssatz）が欠けていても、この連関にもとづいて、知られざる法規を推論することができるとされているが、しかし、そういう想定は概念法学であり、神秘主義であって、すでに克服されている、と言うのです。[9] また、ザールブリュッケン大学で法理論と法史を専攻しているマキシミリアン・ヘルベルガーは論理学に精通した学者ですが、かれも、歴史法学派が想定するような、制定法の「有機体的補充」は論理学の枠を超えていると強調しています(10)。

これらの攻撃を論破して通説を擁護した例を、わたくしは知りません。また、わたくしは、現代の類推論の理論的基礎を歴史的に振り返って反省せずにこの問題を本当に解明できる、とは考えません。わたくしは、ここで、この問題を解明してみたいと思います。類推にかんして相変わらず支配的な見解は、類推を解釈(Interpretation)に対して独自の、歴史をもった道具であると理解していますが、この見解は一八〇〇年頃に成立したものです。それは、類推を法律解釈(Gesetzesinterpretation)とする、それ以前の初期近代からの理解から発展してきたものです。その過程はどのようなものだったのでしょうか。そしてまた、一八〇〇年頃の「新説」による類推の論理学上ならびに認識論上の正当化はどの点にあったのでしょうか。まず、これらについて、やや詳しく示すことにします(後述、一、二)。つぎに、この論理学上ならびに認識論上の解決が今日でも通用するのかという問題について、すこしばかり考えてみることにします(後述、三)。

一　一六世紀から一九世紀までの二つの解決策

一　類推を解釈（Interpretation）に含める解決――一六世紀から一八世紀までにみられる、類似性にもとづく推論（類推）と拡張解釈との等置

一六世紀から一八世紀までの法律家たちは、類推と解釈（Auslegung, Interpretation）とを明確に区別してはいません。かれらは、まだアナロギーと呼ばずに、類似性にもとづく推論（Ähnlichkeitsschluß）と言っていますが、これをトーピク論のなかで、たいていの場合、「類似性にもとづいて"a simili"という論拠（locus）を論ずる箇所で説明しています。この論拠から、「類似するものは同じように（あるいは等しく）取り扱われるべきである」という格率が出てくるのです。そのうえで、この格率が法学上の論証のなかに組み込まれることになります。「類似性にもとづいて」という推論の例として頻繁に引用されるのは、『学説彙纂』第九巻第二章第三二法文・序項のガーイウスの法文です[11]。〔ある所有者の〕奴隷が全員で盗を犯すという事例は、都市ローマやその属州でどうやら稀ではなかったようです。その場合、属州告示によれば、「罰金を求める訴えは奴隷全員一人一人について認められうるのではなくて」、「一人の自由人が盗を犯したときに給付されなければならないものが給付されるこ

とで」十分であるとされていました。つまり、奴隷の所有者は必ずしも自分の奴隷全員を被害者に委付する必要はないのであり、また、所有者は被害者に対して金銭で賠償すれば十分でした。ところで、奴隷たちが犯したのが、盗ではなくて、名誉侵害その他の不法な行為であった場合、つまり、インユーリアであった場合はどうでしょうか。ガーイウスによれば、盗にかんする属州告示のくだんの法命題がインユーリアにも妥当するとされます。その理由は、この法命題の基本思想（ratio）は、「奴隷の所有者は、奴隷たちによる一個の不法な行為を理由として、奴隷全員を失う謂れはない」というものであり、「この基本思想がインユーリアを理由とする訴えの場合にも同様に（similiter）当てはまる」からであるとされています[12]。

現代の理解からすれば、この例は、類推にもとづく推論であって、なんら拡張解釈ではありません。なぜなら、法律のありうべき語義の範囲を超えているからです。つまり、インユーリアは盗ではないからです。ところが、意外なことに、一六世紀や一七世紀の法律家たちにあっては、先に引用したガーイウス法文が、法律の「精神 mens」あるいは「事理 ratio」にもとづく拡張解釈との関連でも登場するのです[13]。たとえば、一五八九年のフーゴー・ドネルスや一六一三年のヴァレンティーン・ヴィルヘルム・フォルスターがそうです[14]。ドネルスやフォルスターやおそらくは一六世紀および一七世紀のすべての法律家は、したがって、盗についての規律を「インユーリア」にも転用することを、法律の解釈と考えていたのです。かれらは、類似性にもとづく推論と拡張解釈との間でなんら明確な区別をしていないのです[15]。

類似性にもとづく推論に取って代わって「アナロギー」という用語が普及したのち、一八世紀の末まで、この見解が維持されます。たとえば、一七九七年にはまだ、カール・グロールマンにとっても、「類推」とは、「真の解釈（Interpretation）によってわれわれに知られるに至った法律の精神」にもとづく裁判のことですし[16]、クリスティアン・フリードリヒ・グリュックにとっては、法律の根拠にもとづく法律の拡張の産物なのです[17]。また、一八〇六年になってもなお、アントン・ユストゥス・ティボーは、類推とは「諸々の根拠の同一性を理由にして行われる拡張解釈である」、と書いております[18]。

二　一九世紀初期の論理学と認識論による解決——法律解釈に対する類推の独立化

一八〇〇年代に入るとすぐに、大転換が起こります。かつては類推と法律解釈とが結びつけられていたのですが、これが解消され、類推が独立するのです。この歩みについて、ドイツのもっとも著名な法律家たちの何人かが指導的な役割を演じています。とくに、フォイエルバッハとサヴィニーです。印刷に付された史料に見られる最初の典拠は、管見のかぎり[19]、一八〇四年に現われます。パウル・ヨーハン・アンセルム・フォイエルバッハは、一八〇四年に、クラインシュロートの刑法草案を批判した論考でつぎのように書いています。すなわち、類推適用は、「今日の法学者たちによって、解釈（Interpretation）の理論のなかに吸収されている。このことは、もちろん誤りである。なぜなら、解釈（Auslegung）ということで考えられるのは、法律の意味を表現することだけであり、それ以上のことに及ぶような拡張が規定の意味の枠内にとどまっていないことは、争いようがないからである。立法者は条文に挙げられた事例についてしか語っていないのであり、条文に挙げられた事例についてのみ語ろうとしたのである。われわれは、立法者がそのことを考えているはずであったということを理由にして、立法者が実際に考えていたことを実際には考えていなかったことにまで拡張しているにすぎない[20]」と。同様の趣旨は、同じく一八〇四年のニコラウス・タッドエス・ゲンナーや、一八〇五年のカール・ザーロモ・ツァハリエによる法学的解釈学（juristische Hermeneutik）や、一八〇六年のフランツ・シェーマンによる『民法便覧』にも見られます[21]。ゴットリープ・フーフェラントもまた、ともかく一八〇八年以降は解釈（Auslegung）と類推を区別しており[22]、一八一五年には、この新しい見方を詳しく論じております。すなわち、かれによれば、解釈とは「法律に含まれている意味を展開すること以上の意味をもちえない。……解釈という目的のために問われるのは、唯一、法律それ自体が何を命ずるべきかということであり、したがって、立法者がほかならぬこの条文でもって何を語ろうとしたのかということである[23]」。そのような解釈は「法律の文言についての有りうる語義の理解を決して超えることはできない。かりに超えるとすれば、それはもはや断じて解釈と呼ぶことはできない」、「法律がその照準を合わせえなかった事例の処理が……問題となるや否や、解釈と呼びうるものはすべておこなわれなくなる」。それらの諸事例は類推によって解決されるべきであり、その場合には、「法律で定められた特定の事例あるいは下位の事例から出発して一般的な規則へと上昇し、そしてつぎに、いままさに必要とされている下位の諸命題を、この規則から導出するのである」と言われています。しかしながら類推は、どうみても解釈ではないのです。「類推は、その本質全体からして、法律を超えている」のです。[24]

フリードリヒ・カール・フォン・サヴィニーもまた、この見解を一八〇二年以来主張しています。もっとも、そのことは、ゲルハルト・ヴェーゼンベルクが一九五一年に『マールブルク方法論』と言われる講義筆記を公刊して初めて知られるようになりました。[25] ついで一九九三年にアルド・マッツァカーネがサヴィニーの方法論講義（さらにはパンデクテン講義の方法論の部分）を編集のうえ公刊してからは、[26] 解釈か類推かという問題におけるサヴィニーの立場は、完全に明瞭なものとなりました。一八〇二年から三年にかけて冬学期に行われた方法論講義の草稿では、つぎのように言われております。すなわち、「法律は、思想を対象化して維持するために、これを表明するのである。したがって、この思想があとから熟考されるべきであり、法律の内容が再発見されるべきである」[27]と。したがって、古くから「事理 ratio」[28]にもとづく拡張解釈と言われてきたものは、「もともと解釈（Interpretation）では全くない」わけです。それは、「非常に恣意的であるために、真の解釈（Interpretation）なるものを全く語りえない。ここで裁判官が法律に付け加えなければならないものは、当の法律によって全く対象化されていなかった可能性がある」[29]と。あるいはまた、サヴィニーは一八〇九年の草稿では、つぎのように書いております。〔「事理 ratio」にもとづく拡張解釈で行われているのは〕「解釈ではなくて、解釈という見せかけのもとでの、法律の諸根拠（Gründe）にもとづく法律の訂正である」[30]。もちろん裁判官は、「法律が特定の問題について沈黙している場合には」[31]、規定されていない事例について裁判をおこなわなければなりません。しかし、その場合に裁判官がそうするのは、解釈によってではなくて、――民法では――「類推による手続」を介してなのです。「その場合、裁判官は、法律の別の諸条文のなかに、当面する事例がそれにもとづいて裁判されるべきより高次の規則を探し出すことによって、法律をそれ自体にもとづいて補充するのである。……その場合には、断じて解釈とは言えない。ここで言われているのは、当面する事例がある法律条文において決定済みであったということでは全くなくて、その事例はその法律では規定され忘れていたのであるが、その法律を首尾一貫させると、そのように裁判されざるをえないということなのである」[32]と。したがって、類推の位置づけに変更が生じているわけです。類推は、もはや解釈の一環ではなく、方法論上の独立した道具になっているのです。

類推にかんする法学上の学説において、どのようにして、このような根本的な方向転換が生じたのでしょうか？　その説明は、一方では、法律解釈にかんする観念に変化が生じたことに、他方では、論理学ならびに認識論から見て類推がもたらしうる生産性にかんする観念に変化が生じたことに求めるしかありません。第一点、つまり、法律解釈の理論にここで立ち入るつもりはありません。〔法律解釈にかんする観念に変化が生じたことを理由に挙げても、それで」類推の役割に変化が生じたことまでも余すところなく説明しうるわけではなく、消極的に、解釈にかんする学説から類推が締め出されたことを浮き彫りにするにすぎないからです。(33) しかし、類推が方法論上の独立した道具として維持され、それればかりか株を上げたことについては、別の理由があるに違いありません。それらの理由は、一八〇〇年頃に論理学と認識論によって類推の積極的な再評価が起こったことと関連しております。これからのわたくしの話は、皆様にとっては、おそらく、やや理論的な細かい問題です。また、法律家がそういう問題と関わる必要は全くないと考える方もあろうかと思います。しかし、われわれがこれらの背景を自覚しないかぎり、われわれは、一八〇〇年頃の類推論の展開も、現代の類推論も、理解できないし正当化することができない、というのが、わたくしの考えです。

二　論理学ならびに認識論による解決へと移行したことの理由

一　一六世紀から一八世紀末までは類推にもとづく推論は論理学上も軽視されていた一六世紀と一七世紀の論理学は、類似性にもとづく推論を、トーピク論あるいは弁証論（Dialektik）に位置づけていました。この時期の論理学は、トーピク論を分析論から区別しています。分析論（Analytik）では、アリストテレスの三段論法の四つの格を扱います。分析論が確実な推論を提供するのに対し、弁証論あるいはトーピク論は（やや単純化して申しますと）蓋然的な推論しか提供しません。[34] したがって、類似性にもとづく推論もまた、せいぜいのところ、蓋然的なものであって、三段論法による古典的な推論よりも低いランクしか占めなかったのです。

このような状況は、トーピク論が一七〇〇年頃に論理学から締め出されたのちも、変わりませんでした。たしかに、「類似性にもとづく」推論は、とりわけ法律家たちも引続きその助けを必要としており、維持されていました。しかも、（詳しいことは他の箇所で論じたのですが[35]）、この推論は、新しい名称を受け取り、「アナロギー」と呼ばれることになりました。とは言え、そのことでこの推論に対する評価に変化が生じたわけではありません。この推論は不完全帰納法と密接に関連しているのですが、両者とも、一八世紀の論理学者たちの間では、まったく言及されないか、せいぜいのところ、たとえば、ヨーハン・ゲオルグ・ハインリヒ・フェダー（一七七八年）[36]やヨーハン・ゲープハルト・エーレンライヒ・マース（一七九三年）[37]によって、蓋然的推論と呼ばれているにすぎません。偉大な自然科学者にして数学者であったヨーハン・ハインリヒ・ランベルトは、そればかりか、一七六四年に不完全帰納法について、これらの推論は「役に立たない」と述べています。[38] かれは、きっとアナロギーについても同じことを語りえたはずです。

類推や帰納がこのような低い評価を受けたのは、どうしてでしょうか？　その背景は、つぎのように言うことができます。類推にもとづく推論や帰納にもとづく推論が正しいのは、それらの基礎におかれた事物相互間の類似性あるいは共通性が「本質的」である場合でしかない、と。ところが、なにをもって「本質的」であるとするのかは、マースが述べているように、[39] 形式（Form）にかかわる問題でもなければ、論理学の問題でもなくて、「素材（Materie）」にかんする問題なのです。もう一度、この講演の冒頭で挙げた例に戻ってみましょう。「雇用契約と組合契約は継続的債務関係である。それらは重大な事由を理由として解約告知されうる。ゆえに、すべての継続的債務関係は重大な事由を理由として解約告知されうる」と推論したとします。この（不完全な）帰納にもとづく推論は、（雇用と組合という二つの契約を大前提に措いているので）法類推ないし全体類推であり、おそらく大方の法律家たちはこれで納得するでしょう。しかし、その説得力は、この推論の論理学上の形式に由来するのではありません。これと同一の論理学上の形式なら、つぎのような推論も同様です。すなわち、「賃貸借契約（Mietvertrag）と雇用契約（Dienstvertrag）と組合契約（Gesellschaft）は継続的債務関係である。これらすべての単語には、eという文字が含まれている。ゆえに、eという文字を含むすべての債務関係は継続的債務関係である」と。この推論が馬鹿げていることは明らかです。したがって、実際には、（帰納にもとづく）推論の正しさは、その推論の論理学上の形式から出てくるのではありませんし、そのような形式は、ランベルトが言うように、「役に立たない」のです。この推論の正しさは（法学的にみた）素材からしか出てこないとマースが書いていますが、これは全く正しいのです。

その帰納が継続的債務関係の法学的にみて本質的な類似性のうえに築かれているときにだけ、正しい成果が得られるのです。そして同一のことは、「個別類推」にも当てはまります。

したがって、決定的に重要な点は、つぎのことです。すなわち、類推や帰納にもとづく推論のできを左右するのは、「素材」の評価の仕方であり、したがってまた、経験の諸対象について本質的な類似性を確定しうる可能性なのです。最悪の場合には、類推や帰納にもとづく推論はそもそもできないでしょう。つまり、そのような本質的な類似性が経験の諸対象についてそもそも存在していない場合です。言い換えると、諸対象が、カオス状に相互にバラバラの個物の寄せ集め状態にあるだけで、その個々の物が類似性を示すのは全くの偶然によるという場合です。たとえば、実定法を立法者による恣意的な偶然の産物として理解するならば、あるいは実定法には、そもそも有意味な類似性など存在しない、したがってまた、帰納を介してそこへと上昇し、つぎにそこから、規定されていない事例へと再び下降しうるような一般的な諸原理もなんら存在しないかもしれないことになります。どの継続的債務関係も他のそれと同様でないとすれば、賃貸借契約も雇用契約も組合契約も異質であって、無関係に並んでいることになります。そうなると、「継続的債務関係」という概念からしてすでに形成のしようがありませんし、類推あるいは帰納にもとづく正しい推論も考えられないことになります。

さて、やや単純化して申しますと、〔経験による認識の〕「素材」は〔カオス状に相互にバラバラの個物の寄せ集め状態であるという〕このような理解が初期近代の学問論の基礎にあるのです。法の概念にも、このことが現われています。実定法とは恣意的なもので、(グスタフ・フーゴーに至ってもまだ依然として)[40]、「〔実定法とは〕経験的……偶然的……歴史的(geschichtlich)なものとみられる」と言われています。この定義によると、実定法は、それ自体として理性に適っているわけではなくて、立法者の意思から出てくることになります。[41]たしかに立法者の意思は、通常は理性に適っているでしょうが、例外がないわけではありません。そうすると、完全にしてかつ秩序をもっているのは、理性から導出された法、つまり自然法だけです。ところが、自然法では、類推とか帰納を用いる必要がありません。なぜなら、必要とされる法命題を理性に則って自分で推論することができるからです。これに対し、恣意的で実定的な法においては、〔立法者の意思から〕切り離された、類推や帰納にもとづく推論では、その成果はほとんど望めません。それらの推論が正当化されるのは、個々の条文(あるいは何ヵ条かの複数の条文を寄せ集めたもの)の解釈としてであり、しかも、それらの条文が理性に適った、一般化に耐えうる根拠をたまたま持っている場合に限られるのです。[42]こういうわけで、初期近代の法学上の方法論は、類推を法律解釈の一環と理解したのです。

しかし一八世紀になってもなお、そのような見方は、法学のみならず、カント以前のドイツの認識論においても、広く支配していました。一八世紀に支配的であったクリスティアン・ヴォルフの認識論では、真の知とは哲学上の知、つまり理性にもとづく知だけであると言われていました。このような知については類推や帰納を用いる必要はありません。たんに歴史的、経験的、実定的にすぎない知は、より低い地位しか占めていないのです[43]。したがって、法律にもとづく類推が初期近代において法律の拡張解釈とみなされていて、まだ独立の機能をなんらもっていなかったのは、類推や帰納が論理学において軽視されていたからであり、そのような軽視は、つまるところ、「素材」つまり経験にもとづく知を、理性にもとづく知よりも低く見るカント以前の見方に由来するのです。この見方では、経験にもとづく知は、バラバラであり、偶然に左右され、秩序をもっていないとされます。経験の諸対象がどの程度まで類推や帰納によって一般化され整序されるのかは、疑わしいわけです。しかし、事物を純粋に理性にもとづいて認識することができるという前提に立つかぎり、なによりもまず、そういう問題は関心の対象にならないのです。

二　一九世紀初頭における類推や不完全帰納に対する論理学上ならびに認識論上の積極的評価

一八〇〇年頃およびその前後に、以上のような見方は根本的に変わります。標語ふうに言えば、帰納や類推の論理学上の形式はもちろん不変であるが、その「素材」が、したがってまた、経験の対象を学問によって認識する可能性が、積極的に評価されるに至る、ということになります。このことが法律学でどのような経過を辿ったかについては、皆様もご存知でしょう。つまり、理性法がかつての意義を喪失し、なによりも法源としての性格を失ったのです[44]。これに対していまや、実定法は、立法者による定めが一見するといかに断片的にみえようとも、全体として理性に適っており、秩序をもち、一般化しうるものである、と言われるようになります。言い換えると、いまや実定法は、個々の規則に表現されている諸原理によって規定され、貫かれていると考えられるようになったのです。したがって、これらの規則相互間には「本質的な」類似性が存在し、実定法は例外なく類推や帰納にもとづく正しい推論を可能とするのです。ご承知のように、すでに一八〇〇年代に入って間もなく、この見方はサヴィニーにおいて最も明確にその姿を現しています。かれは、つぎのように述べています。すなわち、実定法の「基礎には、しばしば気づかれず展開されないままであっても、体系が」ある、そして、「われわれの学問はこの体系を探し求めて現前させるべきである」[45]。体系が基礎にあるからこそ、われわれが実定法において「有機的に生長する力を想定することによって」[46]、学問は法律を「その内部から」補完することができる、と[47]。この基礎に立ってみると、サヴィニーが、欠缺補充のための類推に対してもはや不信の目を向けることなく、法律解釈を向こうに回していわば自分の足で立つことのできる方法論上の道具をこの類推に見いだしているのも、うなづけます。

しかしながら、法学に生じた諸々の変化は、一八〇〇年前後の頃に認識論全体に生じた一大変革の小さな断面にすぎません。わたくしどもは、まさに、哲学一般の歴史における転換点に遭遇しているのです。カントによる純粋な理性認識の批判が、旧い形而上学を駆逐しつくして、経験にもとづく知を中心に据えたのです。その結果、いまや、経験を対象とする諸学問のための特殊な方法が必要となりました。類推と帰納はもともと経験認識のための方法の中心にありましたから、これらが、積極的に評価され、関心をひき、意義を獲得するのは必定でした。認識論に生じたこのような一大変革がどのようにして論理学の文献に浸透していったかを、かいつまんでお話しします。

その端緒はカントその人にありました。しかしながら、かれはどうやら類推と帰納についての完全な明晰性に到達しなかったようです。かれの論理学講義のうち、晩年（一七九〇年以降）に開講されたもののひとつ、〔『ドーナ・ヴントラッケンの論理学』一七九二年夏学期講義録〕において、かれは、「……まだ論理学者はだれひとりとして類推と帰納をまともに研究していない。この分野は依然として未開拓である(48)」と述べるにとどまっています。それでもカントは、新しい手がかりを提供しています。かれは、類推と帰納を「反省的」判断力に位置づけたのです(49)。これは、特殊的なものからより普遍的なものへと上昇する判断力のことを指します（ちなみに、カントによれば、普遍的なものから特殊的なものへと下降するのが「規定的」判断力であり、これは、われわれ法律家の言葉で言えば、包摂するということです）。ここで重要なのは、つぎのことです。すなわち、カントによれば、反省的判断力にあってつねに前提としてよいことは、われわれが本質的な類似性を見いだしうるような普遍的なものが、経験世界のなかで思惟されるということです。したがって、（おそらく現実においてはそうでないとしても）ともかくわれわれの認識にとっては、自然は「経験的体系としてのひとつの経験に当たるとみなされる(50)」のです。これらの思想は、一九世紀のはじめの数十年の間に一連の論理学者たちによって受容されました。

たとえば、（一八〇〇年から一八三〇年までについて見ますと）、フリース、ジーグワルト、ヒレブラント、ティーフトゥルンク、クルーク、バハマン、そしてトゥエステンです。[51] おそらくヘーゲルもそうでしょう。[52] かれらのすべてではありませんが、そのうちの何人かは、〔認識主体にとっての超越論的前提としての〕この思想を客体のなかへと持ち込みました。[53] サヴィニーもそうです。経験世界は、普遍的な諸規則に帰着するような属性をもっているという考え方です。わたくしの見るところ、類推と帰納にもとづく推論の「素材」についての新しい見方をもっとも明確に表現しているのは、アウグスト・デトレーフ・トゥエステンです。かれは、キール大学の神学者にして哲学者であり、シュライエルマッハーの弟子で、のちに師の講座を継いだ人物です。かれは、類推と帰納は、たしかに分析的に（つまり形式から）見ると不完全であるが、「付加される形而上学的な原理によって」妥当するに至る、と述べています（もっとも、原文にある「形而上学的」という表現は、カントとの関連では超越論的とした方が良いでしょう）。この原理が「自然とその諸現象との連関の前提であり、事物の諸属性や諸徴表の連関の前提」[54]なのです。

ここで、一応のまとめをしておきましょう。類推や帰納の「素材」、つまり経験にもとづく知が、一八〇〇年以降まもなく装いをあらたにしたのです。そのことから、まさに二つの重要な知見が生まれます。この知見のもとで、新しい考え方が、類推や帰納に不信の眼を向けていた旧来の立場を超え出るわけです。これらの知見は、〔認識主体にとっての超越論的前提としてのカントの思想を客体のなかへと持ち込んだ」歴史法学派の「有機体的」観念論に特殊なものではなくて、わたくしが取り上げたすべての論者の基礎に置かれています。このことは、重要であり、また、これまで気づかれていなかったように思われます。

(1)　類推や帰納にもとづく推論は、第一に、すべての経験科学において可能であるはずです。類推や帰納が排除されているような素材は存在しえないのです。カントは、このことを繰り返し強調しています。その際にかれが好んで引く例は、いつでも、リンネによる〔博物学の〕諸体系です。〔一七九〇年頃のものとされる、『判断力批判第一序論』の欄外に〕カントは、つぎの問いかけを書き付けています。すなわち、「リンネは、かれが花崗岩と名づけた岩石を発見したとき、この岩石は、同じように見えるほかのあらゆる岩石とはその内的属性が異なっているかも知れないとか、したがって、個々の、悟性にとっていわば孤立した諸事物のみに出くわしても、類や種の概念のもとに置かれうるような諸事物の綱を見いだすという期待を抱くことは許されない、と気遣わざるをえなかったとすれば、はたしてかれは自然のひとつの体系を構想することを期待できたであろうか」[55]と。リンネがこの体系を構想しえたのは、「自然のあらゆる事物には経験的に規定された諸概念が見いだされるということ」、そして、「自然は経験的諸法則にしたがう体系である」[56]と考えてよいということを、リンネが想定してもよかったからなのです。

(2) 第二に、体系上の連関は、類推や帰納にもとづく推論の正しさ、つまり、個々の諸現象相互間に観察される類似性が実際にも具体的な事例における「本質的な」類似性であることについて、特別に高度の蓋然性をも保証するものです。このことを、ヤーコブ・フリードリヒ・フリースが一八一一年の『論理学体系』のなかで力説しています。かれは、類推や帰納にもとづく推論は「生のなかではバラバラで支離滅裂なものであっても、学問上の連関のなかでは、はるかに確実な」推論である、と書いています。〔さらにフリースは〕「蓋然的なるものについての論理学の可能性を問われるならば、もちろん、個々の判断は反省的判断力を自由に操ることによって直接的におこなわれざるをえず、悟性の諸規則の定めに従っていないのだから、この点に、推論の不完全な使用があると言える。しかし、全体として見ると、帰納や仮説の学問的な使用は、やはり、これとは事情を異にしている。最上位の諸原理から下降する学的な連関全体があるので、それぞれの個々の事例は、あらかじめ規定を受けていて、蓋然的な説明の余地は上位の発見的な（heuristisch）格率によって非常に狭く限定されている」[57]と述べています。法解釈学に携わる法律家ならだれでも、このような観察を一度は経験しています。かれにとっての原素材は、割れ目の合わない破片の寄り集まりではなくて、むしろ、集めると全体ができがるジグソー・パズルのようなものです。ここでもう一度、継続的債務関係の場合の重大な事由を理由とする解約告知権を取り上げてみましょう。これを規定する条文をドイツ民法典が一ヵ条しか含んでいないとすれば、類推にもとづくわれわれの推論は実際のところきわめて不確実なものでしょう。しかし、われわれは、組合法や雇用契約法にその規定をもっていますし、賃貸借法には〔重大な事由を理由とする解約告知権のための〕いくつかの手がかりがあります。われわれは、リース契約やフランチャイズ契約のような新種の継続的債務関係にも解約告知権が当てはまると知るわけです。われわれは、この結論を、解約告知権に相当するものが、十分な理由にもとづいて、これと異なる規律となっており、（相手方当事者の責に帰すべき重大な契約侵害とか行為基礎の脱落の場合のような）重大な事由を理由とする解除権が認められている、その他の双務契約にかんする規律を手がかりにして操作することもできます。これらすべてのことが、類推や帰納にもとづく推論を非常に確実なものとしているのですから、重大な事由を理由とする解除権をまったく認めないような継続的債務関係が登場する可能性がありうるなどと考えるような法律家は、まずいないでしょう。

以上をまとめると、つぎのようになります。法律学は、一八〇〇年以降、類推を解釈から切り離して、類推を独立の方法論上の道具にしました。その背景には、類推に対する積極的な再評価があり、この再評価は同時期の哲学的論理学にもみられます。形式、つまり類推や帰納の論理学上の構造には変化はみられません。しかし、実は、諸前提に変化が生じているのです。そうなったのは、これらの推論の「素材」、つまり経験世界はおのずと諸法則と普遍的な諸規則に行き着くものであると想定され、この素材ないし経験世界は、少なくともわれわれの学問的な悟性にとって、秩序をもった有意味な全一体であると想定されるに至ったからです。このようにして類推と帰納が可能となり、そうして、諸事物の有意味な連関を想定することなしには存在しないような高度な蓋然性を、類推や帰納が獲得したのです。

三　論理学上ならびに認識論上の解決を現代の方法論において維持できるかについて

さて、一九世紀初頭の以上の類推論は、現代でもなお、法学上の類推や帰納についての有用な正当化であるといえるのでしょうか？　ご存知のように、また、わたくしもこの講演の冒頭で述べましたが、このことは争われています。二〇世紀になってドイツでは、類推の問題について第三の解決が次第に展開してきました。それによると、程度の差こそあれ、類推は役に立たないと言われています。この見解は、裁判官による類推にもとづく推論を、法律にもとづく法発見であるとか、方法論に導かれた認識行為であると見ずに、自由な法創造であると考えるのです。この意味で、この見解を「類推を法創造として位置づける解決」と呼ぶことができます。この見解については、いまのところ、有用な理論史的研究はごく僅かしかありません。そのため、わたくしは、「類推を法創造として位置づける解決」[58]がどのようにして成立し、さらに展開をみたのかについて、ここで完全な形で述べることはできません。そこで、二つのヴァリエーションを簡単に示すにとどめ（後述、二）、つぎに、この解決によって論理学上ならびに認識論上の解決がほんとうに乗り越えられたのかどうかを問題とすることにします（後述、二）。

一　第三の解決――「類推」を法創造に位置づける解決

(1)　この解決の第一のヴァリエーションは、とりわけ自由法運動のなかで立ち現われた社会学的実証主義にその源があります。おそらくそのもっとも重要な主唱者であるオイゲン・エールリッヒは、「類推による判断は……法規から論理的に導出されたものでは決してない」、「それは、立法者による判断ではなくて、裁判官による判断である(59)」と述べています。類推による判断を制定法から導出することは、全く不可能であるというわけです。制定法は、「人間の手になる、ひびの入った脆い、役立たずの作品にすぎない(60)」のであり、実定的に定められた法規以上に、さらに法規範を引き出すことのできるような内面的な体系的な連関をもっているわけでは決してない、とされるのです。実用法学に携わる法律家が自分の判断を獲得するのは、類推にもとづいてではなくて、「対立する諸利益を独自に衡量して、高次のものと考える利益に裁判所の保護を付与すること」によってである(61)、とされます。そうなると、個々の法律条文の文言を超えるような法発見はすべて、もはやほとんど合理的に制御されない出来事になります。そして実際にも、ヘルマン・カントローヴィッツやルートヴィヒ・ベンディクスといった自由法論者は、裁判官による法発見についての「主意主義」理論(62)とか、そればかりか「非合理的」理論[63]を公然と口にしているのです。

(2) 第二の、より現代的なヴァリエーションは、わたくしがこの講演の冒頭で言及した、裁判官による法形成にかんするヨーゼフ・エッサーの諸研究です。エッサーにとっても、類推は「裁判官による決断、つまり価値判断・意思決定[64]」なのです。類推は、「結果と法解釈学に由来しない評価像とによって操作されるのであって、体系によってではない[65]」、なぜなら、「体系の内部にある手段あるいは論理学上の手段をもってしては、『法的類似性』の程度やその指標にかんする判断はなんら示されないからである[66]」と言われています。エールリッヒにとってと同様に、エッサーにとっても、「実定法における精神の自己展開」は「幻想」なのです[67]。「基礎的な法原則のすべてを……『実定法』から導出するかたちで『獲得』しようとする辻褄合わせの努力は、……実証主義の近視眼的な戦術である[68]」とも言われています。もちろんエッサーの場合には、多くの自由法論者の場合とは違って、裁判官による法発見は決して非合理的なものではありません。それは、結論が正義と理性とに適っていることについての一定の「前理解」によって制御されており、追試可能な論拠によって根拠づけうるものでなければなりません。「したがって、類推にもとづく思考は、諸原理から『推論する』わけではないとしても、やはり、そのような諸原理を、比較可能性についての連結点や指標や基準として前提にしている[69]」のです。

二　「類推を法創造に位置づける解決」によって旧来の類推論は論駁されたか？

さて、類推についての論理学上ならびに認識論上の根拠づけは、「類推を法創造に位置づける解決」によって、反駁され克服されたのでしょうか？　この評価を決するポイントは、類推論のそれ以前の展開段階においてもそうだったのですが、ここでも、「素材」をどう見るかという問題、つまり、法という素材において秩序と連関を前提としてよいのかどうかにある、とわたくしは考えます。「類推を法創造に位置づける解決」は、そのような秩序を、実証主義による（より正しくは、観念論によると言うべきでしょうが）「幻想」であると考えます（エッサー）。この見解が、この観念のなかに、歴史法学派ならびに「法実証主義」のとっくに克服された特質を見ていることは、明らかです。しかしこの見解は、この観念を克服されたものとすることでは、事柄の表面をなぞっているにすぎず、核心をついてはいないと思われます。表面というのは、歴史法学派がその思想に（客観的）観念論の装いを凝らしていることを指します。歴史法学派は、ますます法を「有機的な」形成物として理解し、「生ける実体」と考えるようになり、ときには度を超して、論理学上もはや維持できないような諸々の帰結まで引き出しました（たとえば、若きイェーリングがその例であり、諸々の法概念は「結合する」ことができ、そして新しい概念を「産出する」ことができる、などとされました）。これに対して事柄の核心は、やはり、経験認識にかんするカントの醒めた見解にあります。わたくしには、この見解の基本思想は、依然として、はっきり正しいものであると思われます。すなわち、われわれは、たぶん、経験の個々の対象相互間になんらかの連関や類似性や諸原理があると想定してよいのであり、われわれは、たぶんそういったものを想定するより仕方ないのです。なぜなら、この前提なしには、自然科学は一歩も踏み出せないでしょうし、世界における一切の知的な方向づけも不可能となるであろうからです。われわれが、いろいろな本を、年代順に、あるいはアルファベット順に、あるいはテーマ別に排列するとか、諸々の対象を、形式や色彩や機能に応じて分類するとか、特定の日常の出来事に特定の原因を結びつけるなどするときには、すでに、われわれは、個々の諸現象相互間に連関があると前提しているにちがいないのです。そして、われわれは、制定法であれ、慣習法であれ、あるいは「判例」法であれ、諸々の法命題の総体を前にするときにも、同一のことを前提にしてよいのです。そうでないとしたら、たとえばインスティトゥーティオーネン・システムの案出（ガーイウス）とか形成権の案出（ゼッケル）といった帰納による法学上の認識成果は、まったく考えようもなかったことでしょう。

以上から、わたくしが先に論理学上ならびに認識論上の解決の第一の帰結として強調したことが導き出されます。すなわち、法律学においても、類推や帰納が可能であるにちがいないということです。もちろん、だからと言って、そのことから直ちに、類推や帰納がつねに正しいということになるわけでは決してありません。この点で、わたくしは、論理学上ならびに認識論上の解決の第二の帰結に辿り着くわけです。この帰結を、わたくしは先に、フリースからの引用で示しました。すなわち、類推や帰納にもとづく推論の蓋然性の程度は、それがそれぞれの法体系の連関のなかでどの程度まで確保されているのかに、つまり、その体系の完全性と「密度」の程度に依存しているのです。諸々の経験科学の道具としての類推や帰納は、つねに、経験的素材として存在しているものを頼りにせざるをえません。それは、法においては、諸々の制定法であり、慣習法であり、場合によっては裁判官による裁判でもあるわけです。その点で法秩序が断片的であればあるほど、もちろん、類推や帰納にもとづく推論も、それだけいっそう不確実となります。しかも、法秩序の諸々の原理は変化することがありますから、その場合には、個々の法命題の連関も変化をきたすこともあるのです。このことを、先に用いたジグソー・パズルのイメージでもう一度説明しましょう。最後のピースを残すだけとなっているときには、その形のみならず、場合によってはその色なども、かなり容易に推測できます。しかし、ジグソー・パズルの台紙全体が全く埋まっていないときには、まずは試行錯誤をやってみるしかありません。たとえば、二〇世紀になって初めて形成権が案出されたのも、決して偶然ではありません。これは、それまでに、相殺以外に、解約告知とか——数十年かかって——意思表示の取消しとかが、帰納の素材として存在するに至ったからです（これに対し、それ以前の普通法学説は相殺しか知りません）。したがって、類推や帰納は、たんに可能であるにとどまらず、帰納の素材いかんによっては、非常に高度の確実性をもちうるのです。しかし、それらがそういう確実性をつねにもっているわけでは、決してありません。この点からしても、〔対象それ自体に秩序を内在させた〕歴史法学派のいくつかの観念はおそらく乗り越えられてしまったと認めざるをえないでしょう。

わたくしの話は、ここまでにしておきます。というのも、皆様にお話しようと思ったのは、法史の講演であって、法理論の講演ではないからです。わたくしが示したかったのは、今日でもなお支配的な類推論は、歴史上のいくつかの根っこのところに立ち返ることによってしか、理解されないし正当化されないということでした。今日の類推論は、一九世紀初頭に成立しました。その理論的な諸基礎を提供しているのは、経験にもとづく知にかんするカントの理論とそれを「客観化する」方向での「有機体的」観念論による解釈でした。〔当為ではなくて存在にかかわるという意味において〕カント流のより慎重な言い回しでテオリーと言うのですが、このテオリーが、今日なお、類推や帰納についての唯一可能な正当化を提供するものであるように、わたくしには思われるのです。類推や帰納は、論理学上は不完全な補助手段ですが、経験にもとづく知の領域では正当性をもつ補助手段であり、〔存在する経験知の完全性次第では〕場合によって高度な蓋然性をも保証するものです。したがって、われわれは、すなわち、数千年の歴史をもつ法律学は、今日でもなお類推を放棄してはなりません。しかも、わたくしには、そのほかの経験諸科学と同様に、類推を放棄することもできないと思われます。

（1） Karl Larenz : Methodenlehre der Rechtswissenschaft, 6. Aufl., Berlin etc. 1991, Kap. 5, 2. b, S. 383.
（2） Johann Falk : Die Analogie im Recht. Eine Studie zur neueren Rechtsgeschichte, Jur. Diss. Giessen,

Mainz 1906.

（3） Norberto Bobbio : L'analogia nella logica del diritto, 1938.

（4） Artur Steinwenter : Prolegomena zu einer Geschichte der Analogie, in : Festschrift Fritz Schulz, II, Weimar 1951, S. 345-362.〔塙浩訳「類推の歴史への序説」塙浩著作集11『西欧における法認識の歴史』信山社・一九九二年・四六〇頁―四九二頁〕

（5） Jan Schröder : Zur Analogie in der juristischen Methodenlehre der frühen Neuzeit, in : ZRG（Germ. Abt.）114（1997）, S. 1-55. 一八世紀後半以降の展開については、（私見によれば、得るところは少ないが）Heinrich Langhein : Das Prinzip der Analogie als juristische Methode, Berlin 1992を参照せよ。

（6） K. Larenz（前注1）, S. 366（「この限界〔法律の文言が許す範囲：引用者〕を超えてはいるが、なお、ほんらいのプランの、つまり、法律それ自体の目的論の枠内に止まっているような、方法論上の裏づけのある法創造」）; Karl Engisch : Einführung in das juristische Denken, 8. Aufl., Stuttgart etc. 1983, S. 149（「制定法ならびに慣習法の普遍的な価値判断」からの導出）, S. 153（「制定法あるいは慣習法規範が有する論理的ならびに目的論的な『拡張力』」の作用）; Franz Bydlinski : Juristische Methodenlehre und Rechtsbegriff, 2. Aufl., Wien etc. 1991, S. 476f.（「法律の目的ないし価値」からの推論）; Claus-Wilhelm Canaris : Die Feststellung von Lücken im Gesetz, 2. Aufl., Berlin 1983, S. 199（「目的論的拡張」＝「個別」類推）, S. 200（「実定法から原理を獲得すること」＝「全体」類推、カナリスによれば、「帰納」）。

（7） 後述、**四**の一(1)を見よ。

（8） たとえば、K. Larenz（前注1）, S. 322f. ; K. Engisch（前注6）, S. 104.

（9） Josef Esser : Grundsatz und Norm in der richterlichen Fortbildung des Privatrechts, 2. Aufl., Tübingen 1964, S. 10f. ; ders. : Vorverständnis und Methodenwahl in der Rechtsfindung（1970）, durchgesehene und ergänzte Ausgabe 1972, S. 177, 182.

(10) Maximilian Herberger : Dogamatik. Zur Geschichte von Begriff und Methode in Medizin und Jurisprudenz, Frankfurt am Main 1981, z. B. S. 407（イェーリングは、「論理学を形式的なものから……内容的なものへと」振り向ける）。

(11) この法文は、「類似性にもとづく」推論の例として、たとえば、Claudius Cantiuncula : Topica legalia（erstmals 1520）, Basel 1545, S. 42 ; Petrus Andreas Gammarus : De modo disputandi et ratiocinandi in iure, Basel 1545（先に挙げたCantiunculaのTopikの巻末に付されている）, S. 212 ; Bernhard Walter : De dialectica ex iure libri tres, Nürnberg 1546, fol. e（ro）といった法学上の論理学書ないしトピク論で挙げられている。

(12) Corpus iuris civilis, Text und Übersetzung, gemeinschaftlich herausgegeben und übersetzt von Okko Behrends/Rolf Knütel/Berthold Kupisch/Hans Hermann Seiler, II（Digesten 1-10）, Heidelberg 1995, S. 757のドイツ語訳による〔「以下のことが問われた。前執政官が、奴隷全員によって為された盗の場合に考慮したこと（つまり、罰金を求める訴えは、奴隷全員一人一人について認められるのではなくて、一人の自由人が盗を犯したときに給付されなければならないものが給付されることで足りる）は、インユーリアを理由とする請求の場合にも、顧慮されなければならないか。しかし、多数を占めたのは、同一のことが顧慮されなければならないという見解であった。そして、そのことは正当である。なぜならば、盗を理由とする訴えについての基本思想は、奴隷の所有者は、奴隷たちによる一個の不法な行為を理由として、奴隷全員を失う謂れはないというものであるからであり、この基本思想がインユーリアを理由とする訴えの場合にも、同様に当てはまるからである。したがって、この場合には、たとえば、損害が故意にではなくて過失によって加えられた場合のように、軽微な非行が問題となっていることもあるので、同一のことが妥当しなければならないのである。」〕。

(13) Hugo Donnelus : Commentarii de iure civili（erstmals 1589ff.）, lib. 1, cap. 14, §6（=6. Ausgabe, Band 1, Nürnberg 1801, hrsg. von Johann Christoph König, S. 112）.

(14) Valentin Wilhelm Forster : Interpres, sive de interpretatione juris libri duo, Wittenberg 1613, lib. 2, cap. 2, §1, Nr. 20（わたくしが利用した版 : Everardus Otto [Hrsg.] : Thesaurus iuris Romani, II, Leiden 1726, Sp. 945-1068 の Sp. 1012）

(15) A. Steinwenter（前注4）, S. 350-355〔前注4・塙訳四六九頁―四七八頁〕, J. Schröder（前注5）, S. 8-13.

(16) Karl Grolman : Ueber doctrinelle Gesetzesauslegung, in ders.（Hrsg.）: Bibliothek für die peinliche Rechtswissenschaft und Gesetzkunde, 1. Tl., 1. Stück, Herborn und Hadamar 1797, S. 51ff.（67）.

(17) Christian Friedrich Glück : Ausführliche Erläuterung der Pandecten nach Hellfeld, ein Commentar, 1. Tl., Erlangen 1797, §37, S. 260f.

(18) Anton Friedrich Justus Thibaut : Theorie der logischen Auslegung des römischen Rechts, 2. Ausg., Altona 1806, S. 118.

(19)「類推は一八一五年に初めて（フーフェラントの著作で）独立する」というシュタインヴェンターの見解（前注4、三六一頁〔前注4・塙訳四八八頁〕）は、どうみても、不適切である。

(20) Paul Johann Anselm Feuerbach : Kritik des Kleinschrodischen Entwurfs zu einem peinlichen Gesetzbuche für die Chur-Pfalz-Bayerischen Staaten, 2. Theil, Gießen 1804, S. 25.

(21) Nicolaus Thaddäus Gönner : Teusches Staatsrecht, Landshut 1804, S. 34 ; Karl Salomo Zachariä : Versuch einer allgemeinen Hermeneutik des Rechts, Meissen 1805, S. 63, 136, 138f.（解釈と法律にもとづく論理的推論［類推、帰納］とを区別する）; Franz Schöman : Handbuch des Civilrechts, 1. Bd, Gießen und Wetzlas 1806, S. 79f.（拡張解釈を斥けるが、もちろん、類推には言及しない）。

(22) Gottlieb Hufeland : Lehrbuch des in den deutschen Ländern geltenden gemeinen oder subsidiarischen Civilrechts, 1. Band, Gießen 1808, §25, S. 21 ; §49, S. 26.

(23) Gottlieb Hufeland : Ueber den eigenthümlichen Geist des Römischen Rechts im Allgemeinen und im

Einzelnen mit Vergleichungen neuer Gesetzgebungen, 1. Theil, Gießen 1815, II. Abhandlung : Versuchte Berichtigung einiger bisher angenommener juristischen Grundsätze über die Ableitung der Rechtsbestimmungen aus den Rechsquellen, S. 4f.

（24） G. Hufeland（前注23）, S. 62, 5, 184f.（本文での引用順による）

（25） Friedrich Karl von Savigny : Juristische Methodenlehre, nach der Ausarbeitung der Jakob Grimm hrsg. von Gerhard Wesenberg, Stuttgart, 1951〔服部栄三訳『法学方法論』日本評論新社・一九五八年〕.

（26） Friedrich Carl von Savigny : Vorlesungen über juristische Methodologie 1802-1842, hrsg. und eingeleitet von Aldo Mazzacane, Frankfurt am Main 1993. サヴィニーにおける類推については、Joahim Rückert : Idealismus, Jurisprudenz und Politik bei Friedrich Carl von Savigny, Ebelsbach 1984, S. 350f. をも参照せよ。

（27） F. C. v. Savigny（前注26）, S. 89.

（28） F. C. v. Savigny（前注26）, S. 103.

（29） F. C. v. Savigny（前注25）, S. 40〔前注25・服部訳六一頁〕

（30） F. C. v. Savigny（前注26）, S. 146.

（31） F. C. v. Savigny（前注25）, S. 41〔前注25・服部訳六三頁〕.

（32） F. C. v. Savigny（前注26）, S. 150.

（33） この点については、J. Schröder（前注5）, S. 39-43.

（34） これが一七世紀における圧倒的に優勢な見方であり、それは、Joachim Jungius : Logica Hamburgensis, 2. Ausg., Hamburg 1681, lib. 5, cap. 1以下（Neudruck mit deutscher Übersetzung hrsg. v. Rudolf W. Meyer, Hamburg 1957）で実に明確に述べられている。本書の第一論文『初期近代の法学方法論におけるトーピクの歴史について』をも参照のこと。

(35) J. Schröder（前注5）, S. 15-22. ほかに、J. Falk（前注2）, S. 38-45 ; A. Steinwenter（前注4）, S. 357-360〔前注4・塙訳四八〇頁―四八六頁〕

(36) Johann Georg Heinrich Feder : Logik und Metaphysik, 5. Aufl., Göttingen 1778, § 57, S. 137f. ; § 83, Anm., S. 197.

(37) Johann Gebhard Ehrenreich Maaß : Grundriß der Logik, Halle 1793, § 281, S. 224f.

(38) Johann Heinrich Lambert : Neues Organon oder Gedanken über die Erforschung und Beziehung des Wahren und dessen Unterscheidung vom Irrthum und Schein, I, Leipzig 1756（Neudruck Berlin 1990）, § 287（=Neudruck S. 146）.

(39) 前注37。

(40) Gustav Hugo : Juristische Encyclopädie, 3. Versuch, Berlin 1805, § 24, S. 21f.

(41) これが、一七世紀後半いらいの実定法ないし法律の定義である。たとえば、Samuel Pufendorf : De iure naturae et gentium libri VIII（1672）, lib. 8, cap. 1, Nr. 1（S. 1076 li. Sp. der Ausgabe Frankfurt am Main 1716）では、「市民法とは、その起源からみると、とくに市民の支配者の最高の意思に由来あるところのものである」とされている。

(42) たとえば、Johann Stephan Pütter : Neuer Versuch einer juristischen Encyclopädie und Methodologie, Göttingen 1767, § 120, S. 68f. では、「実定法が完全性に近づけば近づくほど……法の類推は、」法源の一種であるとされている。したがって、実定法は不完全なこともありうるのであって、その場合には、類推に耐え得ないのである！

(43) Christian Wolff : Philosophia rationalis sive Logica, methodo scientifica pertractata, Frankfurt und Leipzig 1728, Discursus praeliminaris de philosophia in genere §§ 3, 6では、ある事柄についての単なる知は歴史的（historisch）であり、諸々の根拠の知は哲学的である、とされている。また、§ 22では、（普通の）歴

史的な知は人間の知のうちでもっとも低級なものである、とされている。

(44) とくに、Gustav Hugo, Lehrbuch des Naturrechts, als einer Philosophie des positiven Rechts, 2. Versuch, Berlin 1799, S. 55f.; Friedrich Carl v. Savigny: System des heutigen römischen Rechts, I, Berlin 1840, S. 52f., 290f.〔小橋一郎訳『現代ローマ法体系第一巻』成文堂・一九九三年・六九頁以下、二六三頁以下〕。なお、Jan Schröder: Naturrecht und positives Recht in der Methodenlehre um 1800, in: Ralf Dreier (Hrsg.): Rechtspositivismus und Wertbezug des Rechts, Stuttgart 1990, S. 129ff. (138) をも参照せよ。

(45) F. C. v. Savigny (前注26), S. 148.

(46) F. C. v. Savigny (前注44), S. 290〔前注44・小橋訳二六三頁〕。サヴィニーにおける類推については、Joachim Rückert: Idealismus, Jurisprudenz und Politik bei Friedrich Carl von Savigny, Ebelsbach 1984, S. 350f. をも参照せよ。

(47) F. C. v. Savigny (前注26), S. 150.

(48) Immanuel Kant: Gesammelte Schriften, hrsg. von der Deutschen Akademie der Wissenschaften zu Berlin, XXIV/2, S. 772 (Nachschrift Graf Dohna-Wundlacken). カントにおける類推については、François Marty: La naissance de la métaphysique chez Kant. Une étude sur la notion Kantienne d'analogie, Paris 1980 (論理学における類推については、二二六頁から二三一頁)。

(49) Immanuel Kant: Logik. Ein Handbuch zu Vorlesungen, Königsberg 1800, §§ 82-84, S. 206-208, 前注48『全集版』七七二頁。

(50) Immanuel Kant: Einleitung in die Kritik der Urteilskraft, erste Fassung, IV. (=Immanuel Kant: Werke in sechs Bänden, hrsg. v. Wilhelm Weischedel, V [Wiesbaden 1957], S. 186)〔篠田英雄訳『判断力批判(下)』岩波文庫・一九六四年・二五五頁、原佑訳『判断力批判』理想社・一九六五年・四八八頁、宇都宮芳明『訳注・カント「判断力批判」下巻』以文社・一九九四年・三五〇頁〕。

(51) **Jakob Friedrich Fries** : System der Logik, Heidelberg 1811, §§ 104, 105, S. 439ff. ; H. C. W. Sigwart : Handbuch zu Vorlesungen über die Logik, Tübingen 1818, § 348, S. 122 ; Josef Hillebrand : Grundriß der Logik und philosophischen Vorkenntnißlehre zum Gebrauch bei Vorlesungen, S. 238f. ; Johann Heinrich Tieftrunk : Die Denklehre in reindeutschem Gewande, auch zum Selbstunterricht für gebildete Leser, Halle und Leipzig 1825, z. B. S. 202 ; Wilhelm Traugott Krug : System der theoretischen Philosophie, 1. Teil : Denklehre, 3. Aufl., Königsberg 1825, S. 542 ; Carl Friedrich Bachmann : System der Logik. Ein Handbuch zum Selbststudium, Leipzig 1828, § 224, S. 326 ; August Detlev Christian Twesten : Die Logik, insbesondere die Analytik, Schleswig 1825, S. 128f., 131.

(52) Georg Wilhelm Friedrich Hegel : Wissenschaft der Logik, 2. Band (1816), 2. Teil, 1. Abschn., 3. Kap., B.

(53) ヘーゲルも同様である。

(54) A. D. Ch. Twesten（前注51）, S. 128, 131.

(55) I. Kant（前注50）, S. 192 Anm. 1〔前注50・篠田訳二六四頁以下、原訳四九六頁、宇都宮訳三六一頁〕。

(56) I. Kant（前注50）, S. 188, 191〔前注50・篠田訳二五八頁、二六二頁、原訳四九一頁、四九四頁、宇都宮訳三五五頁、三五八頁〕。

(57) J. F. Fries（前注51）, § 105, S. 443, 447f.

(58) わたくしは、法学上の論議のみを扱っており、一般科学における論議を扱っているわけではない。もっとも、実証主義的な一般科学論が類推を過小評価するにちがいないことは、明らかである。たとえば、Karl R. Popper : Logik der Forschung, 6. Aufl., Tübingen 1976, S. 223では、「われわれは、知るのではなくて、推測するのである。そして、われわれの推測は、法則性が存在するという非科学的で形而上学的な……確信によって導かれている」と言われている（後段の傍点は引用者による）。

(59) Eugen Ehrlich : Die juristische Logik (1918), 2. Auflage, Tübingen 1925 (Neudruck Aalen 1966), S. 229〔河上倫逸＝M・フーブリヒト訳『法律的論理』みすず書房・一九八七年・二二二頁〕。

(60) E. Ehrlich (前注59), S. 137〔前注59・河上＝フーブリヒト訳一二九頁〕。

(61) Eugen Ehrlich : Die richterliche Rechtsfindung auf Grund des Rechtssatzes (初出一九一七年), in ders. : Recht und Leben, hrsg. von Manfred Rehbinder, Berlin 1967, S. 203ff. (222f.)〔法学理論研究会訳「法規に基づく裁判官の法発見(2)」西南学院大学法学論集一五巻三号(一九八三年)四頁以下〕。

(62) Gnaeus Flavius (=Hermann Kantorowicz) : Der Kampf um die Rechtswissenschaft (1906), S. 20 (Voluntarismus), S. 23 (Antirationalismus)

(63) Ludwig Bendix : Das Problem der Rechtssicherheit (1914), in ders. : Zur Psychologie der Urteilstätigkeit des Berufsrichters und andere Schriften, hrsg. von Manfred Weiß, Neuwied etc. 1968, S. 161ff. (185).

(64) J. Esser : Grundsatz (前注9), S. 252.

(65) J. Esser : Grundsatz (前注9), S. 231.

(66) J. Esser : Vorverständnis (前注9), S. 184.

(67) J. Esser : Vorverständnis (前注9), S. 177.

(68) J. Esser : Grundsatz (前注9), S. 10.

(69) J. Esser : Grundsatz (前注9), S. 253.

(訳　注)

(訳注1) 本講演のテーマに関連する主な邦語文献は、以下のようである。船田享二「類推解釈論史の一断章」民商法雑誌六〇巻四号(一九六九年)四八七頁以下、磯村哲「法解釈方法の諸問題」磯村哲編『現代法学講義』(有斐閣・一九七八年)八五頁以下、ディーター・ネル、青井秀夫＝西村重雄訳「サヴィニーの『生きた直観』(lebendige Anschauung)」法学四五巻六号（一九八二年）八八六頁以下、原島重義「なぜ、いまサヴィニーか」原島重義編『近代私法学の形成と現代法理論』（九州大学出版会・一九八八年）とくに四〇頁以下、石部雅亮「法律の解釈について——サヴィニーの解釈理論の理解のために——」原島編・前掲書・とくに七二頁以下、児玉寛「古典的私的自治論の法源論的基礎」原島編・前掲書・とくに一八九頁以下、椿寿夫「民法における類推適用」法律時報六二巻七号（一九九〇年）七二頁以下、松浦好治『法と比喩』（弘文堂・一九九二年）、大塚滋「一解釈方法としての『擬制』」東海法学一三号（一九九四年）一四三頁以下、中舎寛樹「民法規定の類推適用」私法五六号（一九九四年）一五八頁以下、原島重義「法的判断論の構想——来栖・三部作によせて——」『法と政治——二一世紀への胎動——［下巻］』（九州大学出版会・一九九五年）一九一頁以下、同「法的判断とは何か——民法の基礎理論——（二）、（三）」久留米大学法学二六号（一九九五年）三〇三頁以下、三五号（一九九九年）四七頁以下、高瀬暢彦＝高須則行「パンデクテン法学における法の欠缺と類推」日本大学法学紀要三六巻（一九九五年）七三頁以下、広中俊雄『民法解釈に関する十二講』（有斐閣・一九九七年）第五講、森征一「中世ローマ法学者の法解釈論」法学研究七一巻三号（一九九八年）一頁以下、来栖三郎『法とフィクション』（東京大学出版会・一九九九年）。

（訳注2）　ドイツ民法典六二六条一項「解約告知期間が経過するまで、もしくは、雇傭関係の終了について合意されている時点まで雇傭関係を継続することが、当該事案の全事情を考慮し、かつ、契約当事者の利害を衡量した場合には期待されえないような事情が存するときは、いずれの当事者も、解約告知期間にかかわりなく直ちに、重大な事由を理由として雇傭契約を解約告知することができる」。

（訳注3）　ドイツ民法典七二三条一項一文、二文「組合が一定期間を定めずに成立している場合には、各組合員はいつでも組合を解約告知することができる。存続期間の定めある場合には、この期間の経過以前であっても、重大な事由が存するときは解約告知することができる」。

（訳注4）　完全帰納法と不完全帰納法「……有限の経験事例から一般的・普遍的なことがらを導くのは、常に誤る可能性があることもわれわれは知っている。それゆえ、思想史上問題にされたのは、帰納推論を信頼するだけの根拠

はあるのかということであった。古代・中世においては、反例を想像できない場合は確実な推論としてよいという立場（フィロデモス）もあったが、枚挙を尽くさない限り帰納は不確実だとするのがほぼ共通の立場だったと言える（枚挙を尽くせるものは完全帰納法、尽くせないものは不完全帰納法と呼ばれた）」、廣松渉ほか編『岩波哲学・思想事典』（岩波書店・一九九八年）三一九頁〔伊藤笏康〕。

児玉　寛訳

初期近代における衡平と法体系

一　はじめに

衡平を研究する者ならば、おそらくは、だれでも、一度はぶつかったことのあるひとつの事例から始めましょう。ある者が、その剣（拳銃または鉄砲でもかまいません）を友人に寄託しました。この寄託者が、剣をふたたび取り戻そうとする時、精神錯乱となってしまい、その剣で自分や他人を傷つけるおそれがありました。友人は、精神錯乱者に、剣を返還せねばならないでしょうか。管見のかぎりでは、この事例が初めて論ぜられるのは、プラトンの『国家』においてであります。そこでは、――シュライエルマッハーの訳によれば――こうあります。「ところで、まさにこれ、すなわち正義とは、真実なること、ある者が、別のある者からあずかったものを返還することである、と、端的に言ってしまってよいのか。それとも、そうすることが、時として正であるが、しかし、時としては不正であるのか。わたくしは、そのように考える。むしろ、だれだって、言うだろう。ある者が、友人がまったく正気であった時に、武器をあずかり、この友人が、精神錯乱になった状態で武器の返還を請求してきた場合、武器をあずかった者は、返還義務を負わないし、また返還したり、かような状態で友人に万事本当のことを言うとしても、それが正しいということにはなるまいと」[1]。

要するに、問題となっているのは、正義論、あるいは法そのものに対する、ふたつの要請であります。正義論は、一方では、正義に関する正しい一般的準則をたてねばなりません。たとえば、本当のことを言い、あずかった物を返還する、ということは原則としては正しいのですが、他方では、正義論は、具体的な個別事例をも、含んでいなければなりません。と申しますのは、原則としては正義であることが、例外事例では不正なものになることがありうるからです。すなわち、たとえば、あずかった物を精神錯乱者に返還したり、あるいは、こうした人間に、本当のことを告げたりする場合です。法秩序というものは、正義に対するこのふたつの要請を、どのようにして実現することができるのでしょうか。

理念型で言えば、ふたつの道を想定することができます。一方の道は、こうです。法は、原則事例に関する法規しか与えない。が、含まれていない例外事例においては、原則の修正を許す、という道であります。その場合に、この修正の道具となるのが、衡平（Billigkeit, aequitas, epieikeia）です。アリストテレスは、周知のように、プラトンの『国家』から、わずか数十年後、その『ニコマコス倫理学』で、衡平についての理論をうちたてました。アリストテレスは、この本のなかで説いています。立法者は、ただ一般的に表現することができるにすぎない。「もっとも、それが法規の欠缺の因になるということを見過ごしているわけではない」。しかし、この欠缺は、立法者や法規のせいではなく、「事物の本性のゆえである。というのも、そもそも、生活のもたらすものの豊饒さが、そうしたものなのだからである」。したがって「一般的規定によって把握されない事例が生じるときは、規定し残されたところを、立法者自身の考えにたって修正する、というのは、正しいことである」。これが衡平（epieikeia）であり、すなわち「法律がその一般的表現ゆえに欠缺をもつ場合の法律の修正」である。(2) アリストテレスは、その『弁論術』では「成文の法規をこえて正義であること」を衡平と表示します。そして、意識的に必然的に一般的すぎる法規の事例とならべて、誤って欠陥ある法規の事例をあげます。(3) こうして、アリストテレスは、衡平に、一方では、一般的すぎる法規を制限する役割を与えて、他方では、不完全な法規を補充する役割を与えます。

このように、この第一のモデルによれば、まったき正義は、立法者と裁判官（またはその他の制度）とのあいだで役割を分かつことによって実現されます。法規は、不完全なものです。裁判官（またはその他の制度）は、法規を、個々の事例において修正し、あるいは補充します。この場合、衡平は、法規とならぶひとつの法源であります。しかし、だれでもが知っているように、なお、第二のモデルが、あります。この第二のモデルとは、こういうものです。立法者は、はじめから、たんに原則事例のみならず、すべての例外事例をもまた想定しており、正義は、こうして、立法者の法規によってすでに、完璧に実現されている。立法者が、その法規による正義の完璧な実現に成功するときは、衡平は無用となります。法規あるいは場合によっては学問的法体系が単独で支配します。このふたつのモデルに関しては、ヨーロッパ法史のなかに、周知のように、その例が存在します。第一のモデルは、たとえば、ローマ法にあり、市民法と法務官法とが併存していましたし、また、イングランド法にあり、コモン＝ローとエクイティーが併存していました。（もちろん、衡平は、このふたつの法体系にあっては、一般的すぎる法規を制限する役割だけをもったわけではありません）。ドイツの啓蒙主義の大法典編纂および一九世紀のドイツ＝パンデクテン法学という学問体系が、第二のモデルに関する例を提供します。法規を補充する衡平、あるいは、無欠缺の法体系という正義実現のこの異なったモデルは、たしかに、ヨーロッパ法史のおおきなテーマのうちのひとつであります。

初期近代の、ドイツ普通法の領域にあっては、法規と衡平との関係はどのように観念されたのでしょうか。わたくしは、以下で、いくばくかの考察を述べたい、と思います。

この問題は、従来、ほとんどまったく研究されたことがありませんでした。ただ、クラウスディーター・ショットによる何本かの論文が、(4)法規を修正する衡平について、あるにすぎません。わたくしは、それらの論文を、有難く利用させていただいた次第です。

結論としては、まず、おおよそ、一五五〇年から一六五〇年にかけては、衡平を、法源と見ましたが、一六五〇年以後になると、法源としての性質を喪失したことが、あきらかにされるでしょう（二）。三ではこの発展の諸理由を問題にいたします。法源としての衡平を排除したことに、第二のモデルへの移行がみられるのでしょうか。それとも、衡平と自然法との位置関係がずれただけのことだったのでしょうか。あるいは、かの発展は、ひょっとしたら、まったく別の平面、たとえば、厄介ものの、ふるき法を修正するための政策的な道具として、衡平が用いられた、ということでもって説明すべきなのでしょうか。

二　一六世紀および一七世紀における法源としての衡平

衡平が、成文法とならぶ法源たりうるのは、ただ、衡平を、アリストテレスの言う意味で、書かれた法規を補充する、書かれざる正義としてとらえる場合にかぎられます。一六世紀の法律家たちもまた、衡平を、この意味で理解しました。ギィド・キッシュが一九六〇年に主張したように[5]、また、その証拠も、いくつかはあるのですが、このアリストテレスの衡平概念が、一六世紀になって（ふたたび）有力になったのかどうか、については、触れないでおきます。いずれにせよ、一六世紀半ば以降、衡平は、ほぼ一貫して、特殊な意味で書かれざる正義としてとらえられ、中世におけるように書かれた正義をも含むものとしてとらえられたわけではありませんでした。ここでは一六世紀後半の代表的法律家としてマテウス・ヴェーゼンベックを引用するにとどめますが、かれはこう書いています。「たしかに個々の法規にもそれぞれその衡平がある。だが、衡平は、本来的には『均衡』(aequalitas)ないし『正しい理性』(recta ratio)として、不文の、われわれの法から切り離されたもの、いずれにせよ特別の法規としては表現されないものとして理解される」(6)。こうして、法源としての衡平への道がひらかれました。

一　一五五〇年から一六五〇年にかけての通説──法源としての衡平

管見のかぎりでは、フランスの体系家フランソワ・コナンこそは、一五五〇年ごろ、衡平を、法源の系列に組み入れた最初の著作家でした。コナンは、典拠を挙げないで、こう説明しています。書かれざる法には、ふたつの部分がある。すなわち、慣習と衡平であると。ついで、衡平論の節は「衡平そのものも法のうちの一部分である。書かれた法は、この部分を含まない(7)」で始まっています。この学説をドイツで最初に取り上げたのが、これまたどうやらマテウス・ヴェーゼンベックであったようです。かれによれば、衡平は、なるほど、ローマの「市民法」(ius civile)というより、むしろ自然法に属すが、自然法そのものが、ローマ法の一部である。それゆえに、衡平は、書かれざる法に(ad ius agraphon)に数えるべきであるというのです。ヴェーゼンベックは、衡平の適用領域をあらましつぎのように述べます。衡平は、第一に、法規を健全な理性の法則と正しい感覚に適合させる。衡平は、第二に、法規を、同種の、類似した諸事例に拡張する。衡平は、第三に、――これが、われわれにとっては、決定的な場合なのですが――解決が、法規の文言からも、意味からも、また、論証（すなわち、トポスによる論証）からも発見できないときに、裁判官に準則を与える、というのです。[8]

この学説は、その後、一七世紀半ばにいたるまで、地歩を固めました。たとえば、ヴェーゼンベックの注釈者であるラインハルト・バッホフやハインリヒ・ハーンが（一六五〇年になってもなお）、この学説を無批判に引継ぎました。ただ、衡平はローマの、書かれざる法ではない、という限定をつけてはいます。[9] テュービンゲンでは、ハインリヒ・ボカーとヨハン・ハープレヒトが、シュトラースブールでは、ゲオルグ・オプレヒトとユストゥス・マイアーが、[10] この学説を主張しました。これらの者とならんで、衡平を、なるほど書かれざる法としては見ないが、法規または慣習法上の規定を欠く場合の副次的な法源として見る一連の法律家がいました。たとえば、ヨハネス・アルトジウス、ディートリヒ・ラインキンクおよびヨハン・ブルネマンがそうです。[11] ヘルマン・ウルテーユスが、これに類似した解決を主張しました。[12] かれは、個々の事例において適合する法が見あたらないかぎり、衡平を補充的な「法の根拠」（**causa iuris**）と見ます。そのほか、一六三〇年ごろまでは、衡平についてあれこれ論評されている場合、衡平を書かれざる法として位置づけることについて、あからさまな批判を、わたくしは、とにかくまだ見つけたことがありません。

二　一六五〇年以後の時代――反対説と衡平の消滅

衡平を書かれざる法と見ることに対する疑問が現われたと思われるのは、ようやく一七世紀半ばにおいてでした。エルフルトの教授ヘニング・レンネマン（一六三二年か）が、ボカーをはげしく攻撃し、衡平を、書かれた法として位置づけようとします。[13] アルノルト・ヴィンネンは、その一六四二年初版の『法学提要注釈』で、衡平は、書かれた法の対立物ではなくて、厳格法の対立物である、と強調して、述べています。[14] 一七世紀後半のドイツでは、アマデウス・エコルト、ニコラウス・クリストフ・リンカーおよびヨハン・シュトラオフが、書かれざる法としての衡平論に、はっきりと反対しました。[15] そのあとローマ法の現代的慣用（Usus modernus）の大著（ラウテルバッハ、シュトルフェ、シュトリク）が続きます。これらの大著は、衡平を、まったく論述しないか、あるいは、論述したとしても、もはや書かれざる法ないし補充的な法源としては論述しません。[16] 一七世紀および一八世紀初頭の学説類集便覧の著者たち（シュトルフェ、ラウテルバッハ、ベーマー、ルードヴィヒ、ハイネッキウス）も同様のやり方をしています。[17]

このように、全体として見れば、衡平は、一五〇〇年と一七〇〇年とのあいだに、大転換をなす運命にありました。衡平は、当初、書かれざる衡平（epieikeia）としての機能が再発見され、一六世紀半ば以降法源にたかまりました。だが、衡平は、約百年後に法源の領域から、ふたたび排除されました。これをどう説明すべきでしょうか。

三　衡平が一七世紀末期に法源から排除されたことに関する諸理由

もっとも単純な説明をするとすれば、ドイツでは、一七世紀半ば以降に、うえに見た第二のモデルの意味において完全で無欠缺の実定法があり、この実定法ゆえに衡平は無用であった、ということになるでしょう。しかしこの説明が誤っているのは、あきらかです。と申しますのも、実定法は、一七世紀や一八世紀においても依然不完全で補充を要するものとみなされ、ただ、その補充の役割が、衡平にではなくて、自然法のみに割り当てられたからであります[18]。私見によれば、事柄は、ちょっとばかり複雑でした。実定法にとっては、一八世紀においてもなお、自然法という書かれざる法秩序による補充が必要でした。しかし、自然法それ自体が、いまや、体系的で、無欠缺であるとみられました。こうして、自然法は、衡平を放棄することができるというか、衡平と融合したのです。わたくしは、実は、この点に、かの転換の説明を見るものです。それゆえ、われわれは、法秩序全体において、第一のモデルから第二のモデルへの、衡平から体系への移行を、というのではなくて、むしろ、自然法というもっと小さな枠のなかで、衡平から体系への移行を念頭に置くのです。

このことについて詳しく述べるに先立ち、提起されるかもしれない異論に触れておかねばなりません。衡平は、周知のように、不完全な法を補充する道具にとどまりません。わたくしは、これまでは、そのような補充する道具としての衡平についてのみ論じてきました。衡平は、法政策的に望ましくないか、もはや望ましくない法を修正する道具でもありえます。一六世紀や一七世紀にあって、古き法との批判的対決という、かような「自由法的」段階が存在し、この段階が、一七世紀半ばに終焉した、ということが、ありうるのではないでしょうか。衡平の役割がたかまり、ついで凋落したことを、ここから説明できるのではないでしょうか。

一　一七世紀末期における自由法的段階の終焉か?

結論を先取りしていえば、初期近代においては、こうした自由法的な段階があることについては、説得力ある手がかりは存在いたしません。

(1)　まず手始めに、法律文献をみると、一六世紀には、衡平への感嘆の言葉が数々見られます。[19]しかし、衡平を実際に限界づける公式をみると、慎重な、中世の学説をほとんど逸脱することがなかったようにみえます。法規を修正する衡平に関していえば、この衡平についてはすこぶる慎重であった、ということを、われわれは、ショットの研究[20]から知っていますし、わたくしは、このことを、わたくし自身の考察から追認しうるにすぎません。法規が、厳格で、「衡平に反する」特別法であるとき、立法者があえてその法規を定めた場合には、これを衡平で修正することは、あきらかに許されないことと考える点では、その当時、異論はありませんでした。[21] したがって、ただ立法者がより厳格でない定めを意欲した、ということが確実か、あるいは可能である（この点、さまざまな見解のヴァリエーションがありました）場合にのみ、法規の文言を、衡平から制限することが許されました。[22] この場合には、なるほど、たいていは、書かれざる衡平によることが許されましたが、しかし、一六〇八年にすでに、たとえばマルカールド・フレアーのような重要な法律家にあって、また、ただ書かれた衡平のみを援用してよい、という中世の見解が現われるのです。[23] 法規を補充する衡平については、ほとんど論じられておりません。[24] この法規を補充する衡平を、どうやら、取るに足らない周辺現象として見たようです。

(2)　判例は、衡平に対しては、いっそう厳しい態度を取ったようにみえます。わたくしは、ミンシンガー、ベルリヒ、ブルネマン、ガイル、ベゾルト、カルプツォフ――『法廷法学』（**Jurisprudentia forensis**）および『解答撰』（**Responsa electorialia**）――およびメヴィウスの鑑定集や判決録に[25]「衡平」（**aequitas**）なる索引項目を手がかりにざっと目を通しました。そのさいにあきらかになったことによれば、これら数千の判決のうちで、衡平を拠りどころとするのは、十例にすら届きません。そのうちたいていは、法規を修正する解釈であるが、これは、むしろ無害なものであります。[26] 法規を補充するために、衡平を持ち出す、ということを、わたくしが発見したのは、一例のみで、これが、学説文献で挙げられている唯一の事例であります。その事案は、こうです。ある婦女が、その保佐人の同意なしに消費貸借で金銭を受領し、消費貸借の貸主が返還を請求しました。消費貸借法は、この場合には適用できず、普通法上の不当利得法による諸請求権のうちのいずれも、ここでは、実際には適合しないように見えました。そこで、この場合に、消費貸借の貸主の請求権を、例外的に、衡平から根拠づけました。(27) しかしその結論が正しいのは明瞭でありましたので、このことは、センセーションをまきおこすほどのことではないように見えます。

そのほかの場合には、衡平を用いることが、いかに少なかったか。以下の事例が、これを示しております。ある者が、不毛の農地を賃借したか、あるいは、戦時中に農地を賃借しました。その「賃料支払」義務を、衡平によって軽減することは、認められませんでした。すなわち、この者は、賃借地からの収益がないにもかかわらず、賃料支払を義務づけられました。(28) また、別の事例で問題となったのは、形式の点で無効である遺贈を、衡平を理由として有効とするべきかどうか、でした。これを有効とすることは、否定されました。(29) また、（ベゾルトの鑑定録からの）もうひとつの鑑定が関わった問題は、こうです。給付と反対給付との不均衡が、売買契約締結後にはじめて、貨幣価値の下落から発生する場合にも、「莫大損害」（laesio enormis）の観点を、衡平を理由として持ち込むことができるのか。この適用もまた、否定されました。(30) したがって、売主は、価値の低い売買価格で満足しなければなりませんでした。このように、書かれざる衡平に対する不信がどこででもたちあらわれます。この不信は、さらに、つぎのような表現としても存在します。「法規なき衡平は『脳味噌ででっちあげたもの』(cerebrina)、軽率なものである」(メヴィウス)[31]。「法規上の根拠なき衡平を斟酌すべきではない」(ガイル)[32]。「法や法規のない、書かれざる衡平は、このうえもなく伝染力ある黴菌(pestilentissimus virus)である」(ベゾルト)[33]。それゆえに、ここでは書かれざる衡平には、どんな意義をも認められないのです。

以上の考察からあきらかになるところは、こうです。(書かれざる)衡平は、実定法を修正し、あるいは補充する手段としては、一六世紀や一七世紀には、きわめて慎重に適用されたにすぎないのであります。それゆえに、一六世紀や一七世紀のドイツの法学では、書かれざる法源としての衡平論に対応するであろうような自由法的段階は、見当りません。衡平がまれにしか援用されない、ということから、さらにまた結論として言えることですが、法を衡平でもって修正する、ということに関する差し迫った、実務上の必要性は、一六世紀や一七世紀では、存在しなかったように見えます。むしろ、衡平を必要としたのは、法源のカタログを完全なものとするため、という理論的事由によるものでした。この法源のカタログは、自然法と実定法とだけでもってしては、なお不完全であるようにみえたのです。衡平が、のちになって排除された、ということに関する唯一の説明は、実際、私見によれば、自然法が、ふるい自然法から新しい自然法への推移にあって、体系化し、完全なものとなり、そのため、新しい自然法のもとでは、衡平による補充を捨てることができた、という点にある、と思えるのです。

二　自然法と衡平との関係の変化

(一)　ふるい自然法

(1)　自然法と衡平との併存

衡平つきのふるい不完全な自然法から、衡平なしの新しい完全な自然法へのこの発展を、いますこし詳しく追跡することをお許しください。ふるい自然法から、始めましょう。このふるい自然法にあっては、プロテスタントの著作家のうちからは、とくに、メランヒトン、ニルス・ヘミングセン、およびフーゴー・グロティウスを、また、カトリックの著作家のうちからは、とくにスペインの後期スコラ学者ドミンゴ・デ・ソト、ガブリエル・ヴァスケスおよびフランシスコ・スアレスを取り上げます。[34] 衡平と自然法との融合というものは、一七世紀半ばまでは、依然、これを問題とする余地がありません。衡平と自然法とは併存しています。このことがもっともはっきりするのは、衡平によって自然法を修正することが可能であると考えられたこと、および、このような修正の可能性は、一六〇〇年ごろなお通説だったらしいことからです。[35] たとえば、フランシスコ・スアレスは、一六一二年に、その『法律論』（De legibus）でこう述べます。「ほぼすべての著作家は、自然法が、『衡平による』

（per epiikiam）解釈をうけうるということについては、見解をひとつにしているようである」[36]。この見解を例示するために引用されるのが、たいていの場合前述の武器ないし剣事件でありました。そもそもあずかった者は剣を返還せねばなりません（この返還義務は自然法からただちに明らかです[37]）。ところで、このことは寄託者が精神錯乱になった場合にも言えるのでしょうか。この場合には否定したいところですが、これを根拠づけうるのはただ衡平（epieikeia）の意味での衡平（aequitas）を援用することによってのみであると考えました。正当防衛による殺害の問題も同様に「汝殺すなかれ」という命令を衡平でもって緩和して解決したのです[38]。

いろいろな著作家が、すでに一六〇〇年ごろ、この問題解決を、法律的には不十分であると考えました[39]。フランシスコ・スアレスは、この問題を、衡平でよりも、むしろ解釈でもって片付けようとしました[40]。しかし、この提案は、当時の通説からは、たんにニュアンスの点で相違するにすぎません。というのも、スアレスもまた、自然法を、欠缺あり、補充を必要とするものと考えたのですから。ゆえに、フーゴー・グロティウスが、スアレスの論文を知っていたにもかかわらず、その『衡平、寛容および便益論』（De aequitate, indulgentia et facilitate）で伝統的見解に立ち返る、ということは、驚くべきことではありません。グロティウスは、こう言います。一般的法を修正するための道具としての衡平は「諸民族の法（ius gentium）や自然法上の規定」にあっても適用される。「こうした規定は、なるほど書かれてはいないが、しかし一般的に観念される」。グロティウスはこのことを剣事件に即して説明します[41]。そしてこのグロティウスの見解は、後代においても、なお持ちこたえました。たとえば、ヨハネス・フォン・フェルデンの『普遍法原論』(Elementa iuris universalis) やゲオルグ・アーダム・シュトルフェ［指導］の一六七六年学位請求論文『法、衡平および法の解釈について』(De iure, aequitate et interpretatione iuris) に受け継がれています[42]。

(2) ふるい自然法の特質

自然法と衡平とがこのように併存することは、現代の法律家にとっては、奇妙でわかりにくいことです。自然法は、周知のように、われわれの観念によれば、純粋に理性の所産であって、その欠缺を理性によって随意に埋めることができるものです。だが、一六世紀や一七世紀初頭にあっては物の見方が全く異なっています。自然法は不完全で(a)かつ、法全体がまさにこの不完全さのゆえに非学問的であります(b)。私見によれば、このような態度がとられた理由は、自然法を、ひろく、実定化された神法であって、欠缺ある法源的基礎のうえではやむをえず作動せざるをえないと見たことにあるわけではありません。周知のように、一六世紀においてすでに、けっして、個々の啓示された神の掟だけを根拠とするものではない、自然法のまったく合理的な諸要素が、存在しています。むしろ、その理由は、一六世紀の法学的方法論的態度一般にあります。学問の素材を、それが置かれているバラバラの状態のままにしておきました（よって、トーピクの巨大な意義があります。トーピクとは、どの場所で、その素材を見付けるかを教えるものです）。素材を概観できるように整理することを別とすれば、素材を理性にしたがってあらたに構成することは、考えられませんでしたし、必要であるとすら思われませんでした。以下、これらの点を、すこしばかり、さらに詳しく述べてみたい。というのも、私見によれば、これらの点が、現代の研究文献では、あまり解明されていないからであります。

(a)　構造的な不完全性

ふるい自然法は、不完全なものです。自然法が不完全であるというのは、それが実質的に不完全であること、すなわち、ほぼ私法全体が、とくに所有権論や契約論が排除されていることだと考えているわけではありません。この実質的な不完全さは、グロティウスによってひろく克服されました。しかし、実質的に完全になったからといっても、自然法と衡平との関係を何ひとつ変更するものではありませんでした。決定的であるのは、自然法が、グロティウスにあってもまた、ひょっとしたらこう言うことができるかもしれませんが、構造的に不完全なままであったこと、すなわち、自然法がとらえる実質・素材の点においてもまた断片的であった、ということです。たとえば、自然法は、一六世紀や一七世紀の観念によれば、ただ殺人の禁止をそれ自体として内容とし、帰責、阻却事由などについての準則をもっていません。契約の義務、たとえばあずかった物の返還義務のみを含み、義務が消滅する事由などについての準則をもちません。このかたちでは、自然法を有意義に適用することができないのでして、このことは、一六世紀や一七世紀の著作家たちにとってもあきらかなことでした。こうして、これを補充する救済手段が必要でした。

こうした救済手段であったのが、まず第一には、衡平でした。第二の救済手段が、実定法による補充でした。この実定法による補充にあっては、自然法を衡平でもって補充する場合とおなじ問題事例が論述されました。[43] 自然法は、あずかった目的物をあずけた者に返還せねばならない、と命じ、例外はありません。この目的物を、精神錯乱者には返還しなくてもよい、という内容の法命題をたてることができるのは、ただ実定法だけです。殺人の禁止も同様に妥当し、制限はありません。この禁止が正当防衛の場合には適用されない、ということに関する準則をもとうとすれば、この準則は、実定法から到来せねばなりません。たとえば、ヨハン・ハープレヒトが、はっきりと、こう述べます。[44]

終りに、第三の道具であるのが、法規の基礎にある実質は変化するという理論です。たとえば、グロティウスは、こう考えます。自然法は変化しない。「したがって、債権者がわたくしの債務について弁済をうけたのであれば、わたくしは、支払わなくともよい。しかし、その理由は、自然法が、わたくしは債務を弁済するべきである、と規定するのをやめたからではなくて、わたくしの債務が債務であることをやめたからである」[45]。準則は適用されるが、事例がこの準則に適合しない、という考えです。その他の問題事例もこの思考でもって取り扱われました。[46] この思考は、われわれから見れば、不正確です。というのは、どの事例も、準則が、なんらかの方法で制限されない以上、準則の類に属するからであります。こんにちのわれわれならば、グロティウスが疑ってかかったことを、正確にこう言うでしょう。(自然法上の) 規定ないし準則は、債務弁済後は、実際にはもはや適用されない。というのは、債務はその履行によって消滅する、という別の準則があって、かの準則を修正するからである、と。こうした修正する準則というのものは、グロティウスでは、いまだ登場しません。グロティウスにあっては、ただひとつの準則と事情により特別に取り扱うべき事例しか存在しないのです。事例が直接一般的準則に服しており、この準則をさらに補充し変更する諸々の準則の体系がありません。だからこそ、例外諸事例の解決はただ自然法のかなたでのみ、衡平、実定法または「実質の消滅」を手段としておこなわれることができるにすぎないのであります。

(b)　(自然)法の非学問性

自然法が構造的に不完全なものであること、自然法が、その他の諸道具に依存し、自然法は、こうした諸道具によってはじめて個別事例で適用できるものとなること――このことから、一六世紀における法論と倫理との学問論上の位置づけもまた説明がつきます。伝統的なアリストテレスの学問論によれば、学問は、ただ、必然的に、いつも、またどこでも妥当することについてのみ可能でありました(47)。このことは、当時の観念からすれば、なるほど自然法の断片的な諸規定についてもあてはまりました。しかし、それは、法(ないし倫理)全体についてあてはまるものではありませんでした。と申しますのも、個別事例すべてが、ただちに自然法上の諸準則でもって把握できたわけではなかったからです。個別事例、個別の行為には、特別の事情のある場合がありました。こうした事情は、衡平または実定法によってはじめて自然法に適合させられねばなりませんでした。しかし、個別事例のもつ、こうした特別の事情ないし実定法は、「必然的」(notwendig) なものではありません。というのは、こうした事情は、どこでも、またいつでも同じままであったわけではなく、それらは「偶然的」(kontingent) だったからであります。アリストテレスはすでに、このような理由から、倫理と法論について学問の性格を否認していました。「したがって、こうしたテーマにあっては、また、こうした前提の場合には、真理を、ごくおおざっぱにアウトラインについて示唆するだけことで満足」せねばならない。「倫理的洞察は、学問的認識では」ありえない。「……というのも、行為の領域は、変化するものだからである」[48]。「実定法規の領域」もまた「この行為の領域に」属す。一六世紀のアリストテレス注釈者は、そう説明しています[49]。ここから、一六〇〇年ごろ、またそれ以後にも、倫理と法は、学問ではなく、行為に向けられた「賢慮」(prudentia) だという通説が生じます[50]。だから、倫理と法は、厳格に学問的、つまり、証明する、論証的な (demonstrativ) ——当時の用語をもちれば、「総合的な」(synthetisch) ——方法ではこれを叙述することができません[51]。したがって、法と倫理の総体についてては学問というものは存在しません。と申しますのも、法と倫理の対象は、「偶然的」なものであって、つねに同一の準則では完璧に把握することができなかったからであります。

㈡ 一七世紀半ば以後のあたらしい自然法

(1) あたらしい自然法の特質

(a)　（自然）法の学問性

さて、ご存じのように、トマス・ホッブズとザムエル・プーフェンドルフが、一七世紀の後半にあって、この不完全な古い自然法に対し、合理主義的な自己意識をもったあたらしい自然法を主張します。（自然）法は、ひとつの学問の学科となります。この学問の学科は、厳格に証明し論証的である方法で叙述できるものであります。[52] そして、この状態が、クリスチァン・ヴォルフとその学派を通じて、ドイツでは、一八世紀末まで存続します。（自然）法についてのあたらしいイメージが、この状態と必然的に結びつきました。法全体が、ひとつの学問であるとなれば、この学問の重点は、もはや、個別事例や実定法上の特別法規にあるのではなく、一般的法論それ自体が構造的に完全であり、諸々の準則や原理として包括的に把握できるものでなければなりませんでした。プーフェンドルフは、その最初の自然法論、一六六〇年の『普遍法学原論』（Elementa jurisprudentiae universalis）の緒言で、このあたらしい立場を鮮明にしました。かれは、こう言います。法と衡平の学問は、たんに一国家の諸法規のみをその中身とするものではないが、これまで、それに相応しい仕方で「育成されてこなかった」。「そのおもな原因に数えねばならない、と思われるのは、つぎの点である。すなわち、ゆるぎない明確さは、倫理的なことがらには、その本性からして欠如しており、こうした事柄について知りうることが確定的であるのは、ただ蓋然的な確信に基づいてであるにすぎない、という信条が、すべての教養人に、大体において、根をおろしていることにある」。しかし、偶然的な個別の行為ではなく、「ひとつの原理ないし一般的言明を、法の対象として見なければならない。事柄をこのように見れば、だれもが学問の確実性を有すると信じて疑わない、その他の『諸学科』(Disziplinen)と同様の確実性が、法学においても存在する、」というのです。[53] 新機軸となるべきものを、そこから看て取るためには、これらの章句を正しく読まねばなりません。この新機軸たるや、学問というものは確実な準則と原理と関係していなければならず、こうした原理が法にもあるという言明にあるのではありません。このことは、それ以前にもかつて争われたことがありませんでした。むしろ法全体が、こうした準則や原理によって規定されているということにこそあるのです。プーフェンドルフは、こうして、こっそりと、(自然)法概念をずらします。つまり、自然法は、もはや断片的な法論としてではなくて、構造的に完全な一般的法論として現われるのであります。

(b) 構造上の完全性

まさに、この、はるかによりおおきな構造上の完全性こそが、プーフェンドルフ後年の主著『自然法および諸民族の法』(De jure naturae et gentium)を、なかんずく、グロティウスの自然法からまた分かつものであります。プーフェンドルフが、その緒言で述べているところでは、かれがたかく評価するグロティウスは「しかし、少なからぬ事柄を看過ごし、また別の事柄を軽率に取り扱った」[54] のであります。いまや、プーフェンドルフは、グロティウスやその同時代人らが、なお、体系的に準則のなかに組み入れることができず、衡平ないし実定法に割り当てた一連の事例を、自然法上の原理的諸規定を改廃するような準則に服するものとして認識します。たとえば、グロティウスは、なお、こう考えていました。「汝の債務を弁済せよ」という原理は、無制限に適用される、というのです。ところが、プーフェンドルフでは、履行による義務の消滅に関する諸準則も存在する、と見られ、その作品のなかに取り込まれ、それに相当する一章が設けられます。[55] プーフェンドルフは、また、一定の損害を発生させる行為に関する責任が排除されているのは、帰責性がないためであって、従前の著作家らが考えたように衡平を拠りどころとしてはじめて排除されるのではない、と認識します。そして、プーフェンドルフは、特別の章をたてて、帰責（Imputation）に関する諸準則を論述するのです。[56] 正当防衛は、それまでは、しばしば殺人禁止についての一例外事例としてしか、理解されませんでしたが、プーフェンドルフは、これを、また、独立の章のなかで、いくつかの準則に仕立てるなどしているのです。[57] などなどであります。ふるい自然法の諸規定は、プーフェンドルフにあっては、言うなればひとつの下部構造（eine Infrastruktur）をもちます。自然法は、それを通じて、独立した、競争力ある法秩序となるのであります。

(2)　自然法と衡平との融合

この論述の出発点に立ち戻りましょう。理性にしたがって解明される自然法が完全なものであり、あらゆる場合に関して準則を用意している、というのであれば、衡平は、もはや不要でした。このような結論が予想され、また、まさにわれわれの剣事件については、実際に、そのような結論が引き出されたのです。これについては、オランダの自然法学者ウルリク・フーバーこそは、わたくしが、このことに関して最良の証人とする者です。フーバーは、およそ一六六〇年に、ヨハネス・フォン・フェルデンに対する、またグロティウスに対する意気軒昂たる攻撃をおこない、ふるい学説と訣別しました。いわく、衡平は、自然法をけっして修正することができない。というのは、自然法全体が「善にして衡平であるもの」(bonum et aequum) だから、なのです。剣事件を反証としてあげるとすれば、フーバーは、それにはこう反論するのであります。「剣をあずけた者には剣を返還することを自然法が命じたが、まさにそれと同じ自然法が、精神錯乱者に自傷・他害のために、剣を手渡すことを禁じるのだ[58]」。自然法は、この精神錯乱者の場合に関してもまた準則を含んでおり、ヨハネス・フォン・フェルデンが考えるようには、自然法は、個別事例のもつ偶然的諸事情ゆえに、準則を、衡平でもって変更する、ということに頼らなくてもよい、というのでありました。「われわれが知っているところによれば、本来の自然法は、適法であることをなし、また、それと反対のことを避ける、という、倫理的な必然性をもっている。それゆえに、自然法は不変であって、神すら、このような自然法を変更することはできないほどである。ところで、自然法は、いわば、多数の規定をもち、尽きることがない。それは、その事情と対象が無限だからである。そして、対象が変化する場合には、これらの規定の相違が、しばしば同一の対象について出現する[59]」。つまり、自然法は、フーバーによれば、もはや欠缺あるものではなくて、すべてのことに関して諸準則を備えているのです。あらたに発生する、「準則にもとる」かに見える特殊事例が発生しても、それはもはや衡平でもって片付けねばならないような変則的例外ではないのです。かような特殊事例は、いまひとつ他に原則を変更する自然法上の準則が存在することをあきらかにするものにすぎないのです。

衡平は、こうして、その機能を喪失し、自然法と融合します。自然法と衡平が同一であること、あるいは、自然法とならべれば衡平は意味をもたないことは、これにつづく時代になると、普通の見解となりました。ここでは、三名のもっとも重要な自然法学者に注意を向けるだけにいたします。プーフェンドルフの一六七二年の大自然法論では、衡平の占める場所は自然法にはない、と言います。また、プーフェンドルフ注釈者ニコラウス・ヘルトは、こう注釈書きします。「この見解は、正しい。というのも、衡平とは自然法そのものであって、ただ実定法の観点から、衡平と呼ばれるにすぎないからである」(60)。クリスチャン・トマージウスは、「黄金律」を、衡平の原理とするのですが、かれにあってはまたそれは自然法原理でもあるのです(61)。クリスチャン・ヴォルフは、その『自然法』(Ius Naturae) 第六巻で「衡平」による制限的解釈というふるい教材を論述します。しかし、ヴォルフは、この衡平という用語をまったく避け、たんに「自然法」(lex naturae) や「自然の理由」(ratio naturalis) について語るにすぎません(62)。

一八世紀半ばからの二本の学位論文が、この発展の一定のしめくくりを示します。そのうちの一本は、ロシュトクの教授エルンスト・ヨハネス・フリードリヒ・マンツェル［指導］による一七四一年の学位論文です。この学位論文で学位請求者は——あるいは、ひょっとしたらマンツェル自身かもしれませんが——なぜ衡平と自然法のあいだでの衝突ということが言えるのか理解できない、そもそも法と衡平とは同一のものではないのか[63]と、率直に述べています。或るむかしの法律家—かれは、この法律家の名誉を慮ってその名を隠しますが—は、衡平は、たとえば殺人禁止の場合に一定の役割を演じた、と主張しました。すなわち、衡平は、偶然的な殺人には可罰性がないという効果をもつ、といいます。ですが「偶然的な殺人が、かつて衡平という理由だけで刑罰をかつて免除された、と、いったいだれが考えるだろうか[64]」。つまり衡平についての往年の学説は、ここではすでになにか歴史的な骨董となったのです。第二の学位論文は、カール・フェルディナンド・ホンメル〔指導〕による一七五一年の有名な論文です。この論文は、衡平を、ひとつの心の仕来りと定義します。「われわれは、この心の仕来りでもって、書かれた法を解釈し、この書かれた法が、自然法からできるだけ違背しないようにする[65]」とあります。つまり、この論文もまた衡平と自然法を、内容的にはひとしいものとしています。ホンメルは、衡平—自然法を否定しました。かれは、自然法の副次的適用をけっして許そうとはしませんでしたから、ホンメルは、これによってその同時代人をこえていました[66]。ホンメルは、こうして、その後の、いっそうの発展を先取りします。すなわち、それは、実定法をもまた体系化し、補充的な、具体的正義すべてを、ついには排除する、という発展であります。

四　結語

結論にまいります。われわれがみたところによれば、初期近代にあっては、一種の中間段階が、衡平つきの不完全な法秩序（これが、冒頭で第一のモデルと呼んだものです）から衡平なしの完全で体系的な法秩序（第二のモデル）への移行が、存在いたしました。欠缺ある実定法、自然法および衡平の併存するのが一六世紀でした。ついで、自然法は、合理主義的な自意識でもって体系化され、衡平は無用となりました。啓蒙的立法とパンデクテン法学が、この発展の最終段階にあって、おなじ合理主義的な自意識でもって、実定法を体系化し、自然法をもまた無用のものとします。ただ、最後に指摘した点は、この講演のテーマではございません。

おしまいに、再度、精神錯乱者の剣に立ち返ることをお許しください。法学は、歴史を経るにつれて、明白な準則を練りあげました。債務の履行が可能であるのは、ただ「受領能力ある」債権者に対してだけであります。ところで、精神錯乱者は、受領無能力者であります。よって、この精神錯乱者には、給付をおこなう必要もありません。この精神錯乱者に、［知的障害者の］世話人（Betreuer）がおれば、この世話人が給付を請求できます。ローマ法にみえる解答もこのことに合致しています。

数年前のことですが、わたくしは、こんにちなお、ある哲学者が、この事例に取り組んでいるのに、気づきました。ハイデルベルクの倫理学者ヴォルフガング・ヴィーラントは、一九八九年、『実践理性のアポリア（論理的難点）』という本を著しました。ヴィーラントは、この本のなかで、こう問います。あずかった物を返還するという規範は、精神錯乱者の剣についても妥当するのか、というのです。かれは、これについて、つぎのように述べます。「規律されるべき具体的状況の判断基準が、規範のなかで斟酌される判断基準のすべてに合致する場合ですら、この規範を適用することが許されるのかどうかは、かならずしも定かではない」。ヴィーラントは、これを「適用のアポリア（論理的難点）」と呼び、おしまいに、こう考えます。境界事例というものがあって、そこでは、むしろ規範を適用しない方がよい[67]、というのです。つまり、われわれが見るに、プラトンから約二四〇〇年後、なおも（哲学者にあっては）ふるい自然法の第一のモデルが、また（法律家にあっては）合理主義的な第二のモデルが併存しているのです。

歴史家というものは、価値判断をすべきではなく進歩や退歩について喋々するべきではない。歴史家は、哲学者の才気あるゆえの困惑も、法律家の弁別も、まさにひとしく冷静に知悉するべきであります。とはいえ、われわれ法律家が、この事例を、実際に解決することができるというのは、ひとつの利点ではないのでしょうか。また、このことが、合理主義的な第二のモデルを支持するための根拠とはならないのでしょうか。

[文中訳注1、2……は、翻訳担当者による訳注を意味する]。

（1）　Platon : Der Staat, 1. Buch, 331c.（訳注1）

（2）　Aristoteles : Nikomachische Ethik V, 14 ; 1137a, b. 本文中の翻訳は、Franz Dirlmeier : Aristoteles. Werke, Band 6, 9. Aufl. Berlin 1991, S. 118f. によった。（もっとも、Dirlmeier は「衡平なること」（das Billige）のかわりに「善良なること」（das Gütige）と訳す）。（訳注2）

（3）　Aristoteles : Rhetorik 1, 13 ; 1374a, b. 本文中の翻訳は、Franz G. Sieveke, München 1993, S. 72f. の版によった。（訳注3）

（4）　Claudieter Schott : "Aequitas cerebrina", in : Rechtshistorische Studien. Hans Thieme zum 70. Geburtstag, Köln etc. 1977, S. 132-160 ; ders. : "Rechtsgrundsätze" und Gesetzkorrektur, Berlin 1975, S. 59ff. また見よ : Guido Kisch : Erasmus und die Jurisprudenz seiner Zeit, Basel 1960 ; Gunter Wesener : Aequitas naturalis, "natürliche Billigkeit", in der privatrechtlichen Dogmen-und Kodifikationsgeschichte, in : Der Gerechtigkeitsanspruch des Rechts, hrsg. v. M. Beck-Mannagetta u. a., 1996, S. 81-105.

（5）　G.Kisch（注4）, S. 177ff.

（6）　Matthaeus Wesenbeck : In Pandectas iuris civilis et Codicis Iustinianei lib. IIX commentarii, Basel 1582, zu D. 1. 1, Nr. 18, S. 9.（訳注4）（ここでの翻訳はラテン語からわたくしがおこなったものである。以下の引用すべてにおいても同様）。また見よ : Dominicus Arumaeus : Exercitationes Justinianeae, 3. Ausg., Jena 1607, Exerc. 1（学位請求者 Wolfgang Sigel）, Nr. 8, S. 5 ; Marquard Freher : Sulpitius, sive de aequitate commentarius ad l.1 C. de legibus（1608）, in : Everardus Otto : Thesaurus iuris Romani, IV, Sp. 369-380（379）; Reinhard Bachovius ab Echt : Commentarius in primam partem Pandectarum, Spirae Nemetum 1630, Nr. 3（本文としてはなし）, S. 70 ; Johannes Harpprecht : Commentarii in quatuor Libros Institutionum Iuris Civilis, Tom. 1, 2. Ausg., Frankfurt 1658, zu I. 1, 2, 9（「書かれたものなしに」（sine scripto)）Nr. 55, S. 149 ; Georg Frantzke : Commentarius in XXI libros Pandectarum iuris civilis priores, Straßburg 1654, zu D. 1, 1, Nr. 53, S. 11. 衡平を書かれざる法として見る著作家たちもまた、もちろんハープレヒトとならんで同様に存在した。わたくしは、決定的にことなる見解を、ただ Erasmus Ungepaur : Exercitia Justinianea, sive Disputationes XVI ad IV libros Institutionum Imperatoris Justiniani, 3. Ausg., hrsg. von Adrian Beier, Jena 1663, Exerc. 1, quaestio 9. S. 23f. においてのみ見いだした。ただし、J. Harpprecht a. a. O., Nr. 56, Sp. 149 をもまた参照せよ。

(7) Franciscus Connanus : Commentariorum iuris civilis libri decem, F. Hotman の注釈および B. Faius の緒言付き。neue Ausg., Hanau 1609, lib. 1, cap. 10, Nr. 3, S. 46 :「というのも、慣習と衡平というふたつの部分が、この書かれざる法には属するからである」(Sunt enim huius non scripti iuris partes duo, consuetudo et aequitas) ; lib. 1, cap. 11, Nr. 1, S. 53 :「衡平それ自体もまた法に属す。この衡平は、書かれた［法］には含まれない」。(Aequitas etiam ipsa iuris est, quae scripto non continetur)。(訳注5) わたくしは、別の（フランスの?）著作家がコナン前にこの見解を主張したかどうかについては、言えない。管見のかぎりでは、いずれにしても、コナンが最初の著作家であり、後代の文献は、コナンを、この見解を支持するものとして、引用する。

(8) M. Wesenbeck（注6）S. 10.（訳注6）

(9) Reinhard Bachovius ab Echt : Notae et animadversiones ad Matthaei Wesenbecii Pandectas iuris civilis, Köln 1640, S. 18, Heinrich Hahn : Observata theoretico practica ad Matthaei Wesenbecii in L libros Digestorum Commentarios..., Pars I, Helmstedt 1659, S. 84-86（85 : 広義での「書かれざる法」ius non scriptum).

(10) Henricus Bocerus : Ad tres priores Pandectarum partes disputationes, Tübingen 1588, Disp. 1, Nr. 27, S. 13（なお疑いつつ）; ついで、いっそうより明確には ders. : Disputationum iuridicarum...classis prima, Tübingen 1596, Disp. 1, Nr. 41, S. 13 ; J. Harpprecht（注6）Nr. 51, Sp. 148 ; Georg Obrecht : Disputationes

ex variis iuris civilis...materiis...in unum nunc corpus collectae, Ursellis 1603, Pars 1, Disp. 1, th. 104, S. 5 ; Justus Meier : Collegium Argentoratense, totius Jurisprudentiae absolutum systema exhibens Johann Otto Tabor の注釈付き。hrsg. von Johann Bechthold, Tom. 1, Straßburg 1657, zu D. 1, 1 Nr. 37, S. 8（判例から発生する法として）。

(11) Johannes Althusius : Dicaeologicae libri tres, 2. Aufl., Frankfurt 1649, lib. 1, cap. 16,Rn. 18, 19, S. 49 ; Theodoricus Reinkingk : Tractatus de regimine saeculari et ecclesiastico, 5. Ausg., Frankfurt am Main 1651, lib. 2, class. 2, cap. 12, Nr. 41, S. 872 ; Johann Brunnemann : Commentarius in Codicem Justinianeum（1663）, ed. novissima, Leipzig 1708, zu C. 3, 1, 8, Nr. 5-6, S. 228.

(12) Hermann Vultejus : Diatribe de causis Iuris constituentibus, in ders. : Tractatus tres, Frankfurt 1586, S. 59-78（65f.）.

(13) Henning Rennemann : Jurisprudentia Romano-Germanica, Erfurt 1651（レンネマンの生没年は一五六七年―一六四六年である。その緒言は一六三二年のものである）。Disp. 13, Nr. 26, 36（S. 167, 169）また、ボカーに対する論争は Nr. 38ff.（S. 171ff.）.

(14) Arnold Vinnius : In quatuor libros Institutionum imperialium commentarius academicus et forensis, 4. Ausg., Amsterdam 1665, zu I. 1, 1, 9（「書かれたものなしに」（sine scripto））, Nr. 7, S. 20.（訳注7）

(15) Amadeus Eckolt : Compendiaria Pandectarum tractatio（Bartholomaeus Leonhard Svendendörffer の注釈付き）。Leipzig 1680, zu D. 1, 1, §28 Anm.（S. 20）;（Nicolaus Christoph Lyncker : ）Commentaria Lynckeriana in jus civile universum, ad seriem Digestorum, zu D. 1, 3, Nr. 16, S. 70 ; Johannes Strauch : Dissertationes ad jus Iustinianeum privatum, Christian Thomasius の注釈付き。hrsg. v. Ephraim Gerhard, Jena 1718, Diss. 1, Th. 12, S. 12.

(16) Georg Adam Struve : Syntagma juris civilis, Jena 1672, Exerc. 2, Nr. 44, S. 69（衡平を、たんに解釈の

「基礎」(fundamentum) として取り扱い、もはや、副次的な法源としては取り扱わない)。管見のかぎりでは、衡平について、まったく触れないのが、Wolfgang Adam Lauterbach : Collegium theoretico-practicum in librum primum Pandectarum usque ad vigesimum, I, neue Ausg., hrsg. v. Ulrich Thomas Lauterbach, Tübingen 1726 ; Samuel Stryk : Specimen usus moderni Pandectatum ad libros V priores...exhibitum, 4. Ausg., Halle 1713.

(17) Georg Adam Struve : Jurisprudentia Romano-Germania forensis, 7. Ausg., Jena 1694, lib. 1, tit. 2, Nr. 18 (ただ解釈との関連でのみ) ; Wolfgang Adam Lauterbach : Compendium Juris brevissimis verbis... universam fere materiam juris exhibens, hrsg. v. Johann Jacob Schütz, Tübingen u. a., 出版年なし [1697] (衡平については記載なし) ; Justus Henning Böhmer : Introductio in Ius Digestorum, Pars I, 9. Ausg. 1756, lib. 1, tit. 1, Nr. 4, S. 5 (ただ解釈との関連でのみ) ; Jacob Friedrich Ludovici : Doctorina Pandectarum Halle 1725 (衡平については記載なし) ; Johann Gottlieb Heineccius : Elementa iuris civilis secundum ordinem Institutionum (1727), Leipzig 1758 (衡平については記載なし) ; ders. : Elementa iuris civilis secundum ordinem Pandectarum, 3. Ausg., Straßburg 1732, Pars 1, lib. 1, tit. 1, §13, S. 5 (諸民族の法 (ius gentium) は、『学説類集』では、「自然の衡平」(naturalis aequitas) と表される)。§22, S. 8 (制限的解釈との関連で)。

(18) 副次的法源としての自然法は、以下の文献に見える。: Thomas Hobbes : De cive (1646),Kap. 14, Nr. 14 ; Gottfried Wilhelm Leipniz : Nova methodus docendae discendaeque iurisprudentiae (1667), Leipzig und Halle 1748, p. 2, §71, S. 101 ; Samuel Pufendorf : De jure naturae et gentium libri octo (1672) Johann Nicolaus Hert の注釈付き。neue Ausg., Frankfurt am Main 1716, lib. 8, cap. 1, S. 1077. のちには、なかんずく、Justus Henning Böhmer : Introductio in jus publicum universale, p. 1, cap. 4, §2, S. 93 ; Adam Friedrich Glafey : Grund-Sätze der bürgerlichen Rechts-Gelehrsamkeit, Leipzig 1720, S. 9, 51f. ; Wiguläus

Aloys Xaver v. Kreittmayr : Anmerkungen über den Codicem Maximilianeum Bavaricum Civilem, I（1758）, neue Ausg., München 1821, zu 1, 2, §4 Nr. 15（S. 39f.）; そして一八〇〇年ごろでもなお : Anton Friedrich Justus Thibaut : Juristische Encyclopädie und Methodologie, Altona 1797, S. 11 ; Christian Friedrich Glück : Ausführliche Erläuterung der Pandecten nach Hellfeld, 1. Teil, 2. Ausg., Erlangen 1797, §81, S. 424f.

(19) たとえば、以下の文献を見よ。Guillaume Budé（1508）— G. Kisch（注4）S. 191f. および原テクスト 501 による。; Johann Oldendorp : Wat byllich unn recht ys（1529）. 高地ドイツ語への翻訳 hrsg. von Erik Wolf : Quellenbuch zur Geschichte der deutschen Rechtswissenschaft, Frankfurt am Main 1950, S. 51ff.（53f.）これらは、衡平を、中世晩期の法律家らのカズイスティクと権威崇拝に対して対抗させる。

(20) C.Schott : Aequitas cerebrina（注4）とくに S. 146-152.

(21) Hugo Donellus : Commentarii de iure civili（1589）, 6. Ausg., hrsg. v. Johann Christoph König, I, Nürnberg 1801, lib. 1, cap. 13, §14, S. 98-101 ; J. Harpprecht（注6）zu I. 1, 2, 9「書かれたものなしに」（sine scripto）Nr. 63, Sp. 151（C. 1, 14, は、「全体として衡平ではない法の」（juris in totum iniqui）解釈について述べる）; R. Bachovius ab Echt（注6）, S. 71 ; J. Brunnemann（注11）zu C. 1. 14, 1, Nr. 5, S. 58.

(22) 以下の文献を参照せよ。Franciscus Duarenus : In primam partem Pandectarum, sive Digestorum, methodica enarratio, lib. 5, tit. 1, in ders. : Opera, Frankfurt 1592, S. 160 左欄 ; F. Connanus（注7）, lib. 1, cap. 11, Nr. 6, S. 58 ; Johannes Corasius : De iuris arte libellus, Lyon 1560, S. 54. いくぶんおおざっぱであるのが H. Donellus（注21）, lib. 1, cap. 13, §13, S. 97 ; Hugo Grotius : De aequitate, indulgentia et facilitate である。グロティウスのこの論文は、De jure belli ac pacis libri tres,Johann Friedirch Gronovius および Jean Barbeyrac の注釈付き Amsterdam 1720 の補遺としてある。S. 37ff.（39）.

(23) M. Freher（注6）, Sp. 378f.

(24) しかし、H. Rennemann（注13）, disp. 13, Nr. 39, S. 171は、これに対してはきわめて批判的である。

(25) Joachim Mynsinger von Frundeck : Singularium observationum Iudicii Imperialis Camerae centuriae V, Basel 1576 ; Matthias Berlichius : Conclusiones practicabiles, 5 Teile, Leipzig 1670 ; Johann Brunnemann : Consilia sive responsa academica, hrsg. v. Samuel Stryk, 2. Ausg., Frankfurt/Oder 1704 ; Andreas Gaill : Practicarum observationum, tam ad processum iudiciarium, praesertim imperialis camerae, quam causarum decisiones pertinentium libri duo, ed. postrema correctior, hrsg. v. Gualterius Gymnicus, Köln 1697 ; Christoph Besold（Hrsg.）: Consiliorum Tubingensium..volumina VI, Tübingen 1661 ; Benedict Carpzov : Jurisprudentia Forensis Romano-Saxonica, hrsg. v. Andreas Mylius, Leipzig und Frankfurt 1684 ; ders. : Responsa iuris electorialia, Leipzig 1642 ; David Mevius : Decisiones super causis praecipuis ad summum tribunal regium Vismarense delatis, hrsg. v. Johann Jacob v. Ryssel, 6. Ausg., Frankfurt am Main 1726.

(26) 詳細については、Jan Schröder : Aequitas als Rechtsquelle in der frühen Neuzeit, in : Quaderni Fiorentini per la storia del pensiero giuridico moderno 26（1997）, S. 265ff.（278-282）を見よ。

(27) B. Carpzov（注25）, p. 2, c. 15, d. 14, S. 537 左欄 Nr. 7 :「たとえ、われわれが法を欠くにせよ、衡平が、たしかに、このことを示唆する」。この基礎にある判決は、一六二一年のものである。（訳注8）; N. C. Lyncker（注15）, zu lib. 1, tit 3, Nr. 16, S. 70は、この判決を、法律を補充する衡平に関する例として引用する。

(28) A.Gaill（注25）, lib. 2, obs. 23, Nr. 26（索引には誤りあり）。（訳注9）

(29) C. Besold（注25）, p. 2 cons. 86（これは、一六二九年からのもの）, S. 284ff., Nr. 22（S. 286）.

(30) C. Besold（注25）, p. 6 cons. 294（これは、一六二二年からのものか?）, S. 194ff. Nr. 67（S. 206）.

(31) D.Mevius（注25）, p. 1, dec. 208（これは、一六五三年からのもの）, S. 79, Nr. 10（本文中に引用した表現はそれに照応する索引項目のなかにある）。（訳注10）

(32) A. Gaill（注28）。

(33) C. Besold（注30）。

(34) Philipp Melanchthon : Philosophiae moralis epitomes libri duo（1546）, in ders. Werke, Studienausgabe, hrsg. v. R.Stupperich, III（Hrsg. v. R. Nürnberger）1961 ; Nicolaus Hemmingius : De leg[e] naturae apodictica methodus, Wittenberg 1564 ; Domingo de Soto（Dominicus Soto）: De iustitia et iure libri decem（Salamanca 1556）二カ国語ファクシミリ版。hrsg. v. Venancio Diego Carro u. Marcelino Gonzalez Ordonez, Madrid 1967ff. ; Francisco Suarez : Tractatus de legibus ac Deo legislatore（1612）, in ders. : Opera omnia, hrsg. v. Carolus Berton, V/VI, Paris 1856 ; Gabriel Vazquez : Commentariorum ac Disputationum in primam secundae sancti Thomae tom. 2, complectens quaestiones a nonagesima usque ad finem et super his disputationes CCXXIII, Lyon 1620 ; Hugo Grotius : De iure belli ac pacis（1625）, hrsg. v. B. J. A. de Kanter-van Hettinga Tromp, Leiden 1939（R. Feenstra 他による注釈付きの新版 Aalen 1993）。ふるい自然法のこの段階については、以下の文献を参照せよ。Hans Welzel : Naturrecht und materiale Gerechtigkeit, 4. Aufl., Göttingen 1962, S. 89-114 ; Otto Wilhelm Krause : Naturrechtler des sechzehnten Jahrhunderts. Ihre Bedeutung für die Entwicklung eines natürlichen Privatrechts（Jur. Diss. Göttingen 1949）, Frankfurt am Main 1982. 後期スコラ学の自然法については R. Specht : Naturrecht III 4, in HistWbPhilos. 6（1984）, Sp. 576-582（さらなる注付き。581f.）; Karl-Heinz Ilting : Naturecht III 4, in : Geschichtliche Grundbegriffe, hrsg. v. O.Brunner, W.Conze u. R. Koselleck, 4（1978）, S. 272f. ; Kurt Seelmann : Theologie und Jurisprudenz an der Schwelle zur Moderne. Die Geburt des neuzeitlichen Naturrechts in der iberischen Spätscholastik, Baden-Baden 1997.

(35) F. Connanus（注7）, lib. 1, cap. 11, Nr. 6, S. 57左欄。; G.Obrecht（注10）, th. 123, S. 5 ; P. Melanchton（注34）, S. 213 ; D. de Soto（注34）, lib. 1, qu. 5, art. 3, S. 44 左欄。次注所引の F. Suarez, Nr. 1, 2,（V, 153

f.）にある証拠となる諸箇所をもまた見よ。

(36) F. Suarez（注34）, lib. 2, cap. 16, Nr. 1（V, 153）.

(37) P. Melanchton（注34）, lib. 1「諸々の徳の区分」（Divisio virtutum）（S. 199f.）は、十戒の第八戒から、この義務を引き出す。; F. Suarez（注34）, lib. 2, cap. 19, Nr. 7（V, 168）は、成立している契約を遵守する義務を、自然法に数え入れ、これに対して、契約締結の諸要件を、市民法ないし諸民族の法に数え入れる。

(38) F. Suarez（注34）, lib. 2, cap. 16, Nr. 6（V, 155）: 自然法則の「解釈」が必要であることに関する例。スアレスは、もっとも、この「解釈」を、衡平による修正から区別する。

(39) たとえば、Albertus Bolognetus : De lege, jure et aequitate disputationes, neue Auflage, Wittenberg 1594, cap. 31, S. 589ff. ; G. Vazquez（注34）, quaest. 99, art. 6, disp. 176, cap. 1, Nr. 3 und 4, S. 142.

(40) F. Suarez（注34）, lib. 2, cap. 16, Nr. 7（V, 155f.）.（訳注11）

(41) H. Grotius : De aequitate（注22）, cap. 1, Nr. 6, S. 38.（訳注12）

(42) Johannes von Felden : Elementa iuris universi et in specie publici Iustinianei, Frankfurt 1664, pars 1, cap. 9（これは、Urlich Huber : Digressiones Justinianeae, 3. Ausg. v. Zacharias Huber, Franeker 1696, lib. 1, cap. 6, Nr. 2, S. 14）; Georg Adam Struve : De iure, aequitate et interpretatione iuris（学位請求者：Christian Ehrenfried Nicolai による）, Jena 1676, cap. 5, §5, S. 79f.

(43) 正当防衛または事変の場合における、殺人禁止の衡平による制限については（もっとも、自然法上のものであるか、あるいは、実定法上のものであるかは、あいまい）たとえば F. Connanus（注7）, lib. 1, cap. 11, Nr. 2, S. 54 ; R.Bachovius ab Echt（注9）, Nr. 2, S. 69f. を見よ。

(44) J. Harpprecht（注6）, lib. 1, tit. 2, 11「しかし、自然的［法］は」。Nr. 3, Sp. 155.（訳注13）

(45) H. Grotius : De iure belli ac pacis（注34）, lib. 1, cap. 1, §10, Nr. 6, S. 36.

(46) D. de Soto（注34）, lib. 1, qu. 4, art. 5, S. 36 右欄。; G. Vazquez（注34）, qu. 94, art. 5, Nr. 10/11, S. 26

f. ; F. Suarez（注34）, lib. 2, cap. 13, Nr. 6-9（V, 134f.）. H. Welzel（注34）, S. 98f. をもまた見よ。

(47) Aristoteles : Nikomachische Ethik（注2）, VI 3, 1139b.（訳注14）

(48) Aristoteles : Nikomachische Ethik（注2）, I 1, 1094b ; VI 5, 1140b.（訳注15）

(49) Aristotelis Stagiritae peripateticorum principis Ethicorum ad Nicomachum libri decem, Ioanne Argyropylo Byzantino interprete...cum Donati Acciaoili Florentini...commentariis, Lyon 1554, zu lib. 1, cap. 3, S. 14 : 論証的方法は、「たとえば人間の行為のごとき偶然的な諸原因から」（a causis contingentibus ut sunt actiones humanae）引き出される分野にあっては存在しない。; S. 15 : 倫理は、「万人にあって同一のものとしてあるような本性から構成されるのではなく、あきらかなごとく、あいことなる国民や共同体において区々である法律や国制から構成される」（quae non constant natura, ut sint eadem apud omnes, sed lege et constitutione quae est varia apud diversas nationes et civitates, ut patet）ことがらと取り組む。

(50) H. Grotius : De iure belli ac pacis（注34）, lib. 2, cap. 23, §1, pr., S. 566 :「アリストレテスが（すなわち、『ニコマコス倫理学』I 1で）こう書いたのは、もっとも正しい。数学の分野においては、確実なことが探求されるが、倫理学の分野においては、これと同様ではない」（Verissimum est quod scripsit Aristoteles（sc. Nik. Eth. I 1）in moralibus non aeque, ut in mathematicis disciplinis certitudinem inveniri）。

(51) Jacobus Zabarella : De methodis libri IV（初版1578）, in ders. : Opera logica, 3. Ausg., Köln 1597, lib. 2, cap. 6, S. 180（倫理哲学のような実践的な分野を、論証的な「総合的」方法でもって取り扱うことはできない）。; Bartholomaeus Keckermann : Systema Logicae, 2. Ausg., Hanau 1603, lib. 3, tract. 2, S. 591f., 593f. ; Johann Heinrich Alsted : Logicae systema harmonicum, Herborn 1614, S. 2, 5, 498.

(52) 自然法論を学問として見たのは、たとえば、Christian Wolff : De iurisprudentia civili in formam demonstrativam redigenda, in ders. : Horae subsecivae Marburgenses anni MDCCXXX..., Trimestre Brumale, Frankfurt und Leipzig 1731, S. 84-150（84f.）, Immanuel Kant : Die Metaphysik der Sitten in zwey

Theilen, 1. Tl.: Rechtslehre, Königsberg 1797, S. 31.

(53) Samuel Pufendorf: Elementorum jurisprudentiae universalis libri II (1660), Frankfurt und Jena 1680, fol. 5表以下。(訳注16) この箇所については、Wolfgang Röd: Geometrischer Geist und Naturecht, München 1970, S. 83をもまた見よ。ただし、ふるい自然法に対する明確な境界付けがない。

(54) S. Pufendorf: De iure naturae (注18), fol. 2裏。

(55) S. Pufendorf: De iure naturae (注18), lib. 5, cap. 11, S. 739ff.

(56) S. Pufendorf: De iure naturae (注18), lib. 1, cap. 5, §§ 4ff., cap. 9.

(57) S. Pufendorf: De iure naturae (注18), lib. 2, cap. 5.

(58) U. Huber (注42), lib. 1, cap. 6, Nr. 3, S. 14:「まえには、返還されることを命じたのとおなじ自然法が、自身や他人を滅ぼすために、精神錯乱者のところに、剣がある、ということは否定されるべし、と命令するのである」(Idem Jus est Naturae, quod dictat rabido in suam aliorumque perniciem ferrum esse negandum, quod prius reddi jusserat) (強調 [傍点] は、著者による)。

(59) U. Huber 前注:「われわれが知っているように、本来いわゆる自然法は、正しいことをなし、反対のことを避ける、という倫理的な必要性を含む。それゆえに、この自然法は変えることができない。それは、神ですら、それをけっして変えることができないほどである。しかし、わたくしはこう言うのだが、自然法は、無限の定めをもっている。それは、諸々の事情と対象が無限だからである。諸々の定めが相違する、ということは、しばしば、同一の対象についても、これらの対象が変化する場合には、あきらかになる」(Scimus Naturae Jus proprie dictum continere moralem necessitatem faciendi quae recta sunt, contraria fugiendi, ideoque esse immutabile, ut ne a Deo quidem mutari queat. Sed habet Jus Naturae infinita, ut sic loquar, praecepta, ob infinitatem circumstantiarum et objectorum, quae diversitas praeceptionum saepe in iisdem objectis, quando mutantur, elucet) (強調 [傍点] は、著者による)。(訳注17)

(60) S. Pufendorf : De iure naturae（注18）, lib. 5, cap. 12, §21, S. 775 およびこれに加えて Hert による注 a, S. 776 :「これは、正しい。というのも、衡平は、自然法それ自体であって、かつ実定法にかんがみて、こう［衡平と］呼ばれるからである」（Recte. Est enim aequitas jus naturale ipsum, et aspectu juris positivi ita dicitur）。

(61) Christian Thomasius : De aequitate cerebrina et exiguo usu practico legis Anastasianae（学位請求者 Christoph Heinrich Vorhoff）, Halle 1717, §3, S. 7. また、自然法の原理については、ders. : Institutiones jurisprudentiae divinae libri tres（1688）, 7. Ausg., Halle 1730, lib. 2, cap. 3, §21（S. 116）.

(62) Christian Wolff : Ius naturae, methodo scientifica pertractatum, VI（Halle 1746）, §536, S. 394f. ヴォルフ自身の衡平概念は（Institutiones juris naturae et gentium, Halle 1750, §86, S. 45）正義と一致する。

(63) Ernst Johann Friedrich Mantzel : De limitibus iustitiae, aequitatis, iuris aggratiandi et arbitrii iudicis, vulgo : Auf Rath der Rechtsgelehrten（学位請求者 Joachim Christian Keding）, Jena 1741, §47, S. 26f. §18, S. 9 の参照指示あり。（訳注18）

(64) E. J. F. Mantzel（前注）, §48, S. 27 :「いったいだれが、偶然的な殺人はただ衡平によってのみ免責されると考えるであろうか」（quis enim putabit unquam homicidas casuales per solum aequitatem absolvi）。

(65) Carl Ferdinand Hommel : Pro summa iure contra aequitatis defensores（学位請求者 Johannes Gottlob Küster）, Leipzig 1751, cap. 2, S. 6.（訳注19）

(66) C. F. Hommel（注65）, cap. 7, S. 29.（訳注20）

(67) 引用は、Otto Höffe : Moral als Preis der Moderne, Frankfurt am Main 1993, S. 268 によった。

（訳 注）

以下訳注としてあげるのは、本講演内容を補足するうえで最低限必要だと、翻訳担当者が判断したものである。文献複写につき、講演者には再三お世話になった。なお、各著者の生没年・略歴については、Gerd Kleinheyer und Jan Schröder (Hrsg.), Deutsche und Europäische Juristen aus neun Jahrhunderten, 4. Aufl., Heidelberg 1996 を参照。

（訳注1） **Platon : Der Staat, 1. Buch, 331c.**「たいへん立派なお言葉とうかがいました、ケパロス」とぼくは言った、「しかし、ちょうどお話に出てきた〈正しさ〉〈正義〉ということですが、はたしてそれは、ほんとうのことを言う正直な態度のことであり、誰かから何かをあずかった場合にそれを返すことであると、まったく無条件に言い切ってよいものでしょうか。それとも、ほかならぬそういう態度でも、時と場合によっては、正しかったり正しくなかったりすることもありうる、と言わねばならないでしょうか。たとえば、こういう場合はどうでしょう？友人から武器をあずかったとする、そのときは正気だったその友人が、あとで気が狂って、狂ってから返してくれと言ってきたとする、――このような場合、すべての人が次のことを認めるでしょう。すなわち、そんなものは返してはならないし、またそれを返す者、さらには、そういう状態にある人間に向かってほんとうのことを何もかも話そうとする者も、けっして〈正しい人〉とは言えまい、ということはね」。岩波版『プラトン全集』第一一巻（藤沢令夫訳）三二一―三二三頁。

（訳注2） **Aristoteles : Nikomachische Ethik, V 14 ; 1137a, b.**「そこで、問題が生まれるのは、公平が正しさでありながら、法律による正しさではなく、法律的な正しさを補正するものであるという点にある。そして、このことの起る原因は、法律はすべて一般的なものであるが、或る種のことに関してはこれを一般的な命題としてただしく規定することが不可能であるという点にある。そこで、一般的な命題として規定するのが必然ではあるが、それをただしく規定するのが不可能である場合には、法律は、当らないところがあるのを承知の上で、たいていの場合に当てはまることを取上げて規定する。そして、法律がそのようなものであるとしても、法律がただしいものである点には何の変りもない。なぜなら、当らないところは法律のうちにあるのでも、立法家のうちにあるのでもなく、むしろ、扱われている事柄そのものの本性に含まれているからである。というのは、行為のかかわる素材には、はじめから、そのような性質が潜んでいるからである。したがって、法律が一般的な規定を与え、それに関係して、

一般的な規定を外れる例が起ってくる場合には、そこに立法家の残したものがあり、法律の単純な規定に当らなかったものがあるかぎりにおいて、この残された点を補正するのはただしいことである。……そして、このような性質、つまり、一般的な規定であるゆえに残されるものがあるかぎりにおいて、法律を補正するという性質が公平の本性なのである」。岩波版『アリストテレス全集』第一三巻（加藤信朗訳）一七七―一七八頁。

（訳注3） **Aristoteles : Rhetorik, I 13 ; 1374a, b**「いま一つは、特有であって書かれている法の欠落している部分である。つまり、公正がそれで、公正は正しいことと一般に考えられているけれども、公正なものとされるのは、書かれた法からはみ出ている正しさのことであるから。ところで、この欠陥が生じたのは、立法者の意図による場合もあるし、意図していなかった場合もある。すなわち、意図していないとは、立法者が気づかなかった場合のことであり、意図によるとは、立法者にその意図があっても完全な規定を下すことのできない場合……である。……公正とはじつにこのこと、すなわち、書かれた法と真実との間で判断することなのである」。岩波文庫版『アリストテレス・弁論術』（戸塚七郎訳）一三六―一三七頁。

（訳注4） **Matthaeus Wesenbeck : In Pandectas iuris civilis et Codicis Iustinianei, lib. IIX commentarii, Basel 1582, zu D. 1. 1, Nr. 18, S. 19＝ed. Coloniae Agrippinae 1650, Bachoff** 注釈本「そして、つまり、個々の諸法規にもそのなんらかの衡平が存在する。**D. 12. 2. 13. §5.** にもかかわらず、衡平とは、本来的には、公正ないし正しい理性と解される。それは、書かれざるものであり、かつ、われわれの法から分かたれ、あるいはそれにかかわる法規によってはけっして明示されない」。**Et enim licet etiam singulis legibus sua quaedam aequitas constet : l. si duo 13. §. pen. de iureiuran. tamen propriè aequitas pro aequitate seu recta ratione accipitur, non scripta, & quae à jure nostro sit secreta, aut certè nulla expressa lege in illud relata.** 下線部は、講演者引用刊本および **ed. Coloniae Agrippinae 1675 Hahn** 注釈本では、**aequalitate** となっている。

（訳注5） **Franciscus Connanus, Commentariorum iuris civilis libri decem, ed. Hanau 1609＝ed. Neapoli**

1724, lib. 1, cap. 11, Nr. 1「衡平そのものもまた法に属す。この衡平は書かれた法には含まれない。ローマ人らによって、こう言われるのは、けだし、最高の法は、均等であることに帰着するからである」。AEquitas etiam ipsa juris est, quae scripto non continetur, hinc appellata Latinis, quod summum jus ad aequabilitatem revocet.

（訳注6） Wesenbeck（訳注4）引用箇所「ところで、わたくしが、まえに示したように、われわれが用いる自然法もまた、ローマ法の一部である。そして、その結果、この衡平もまた、書かれたものとしても、また書かれざるものとしても、ローマ法においては言及され、したがって、こうして、書かれざる法に属することができる。この衡平の用法は、おもに三項目においてあきらかになる。第一には、諸々の法規を衡平と善とにもとづいて、健全な理性と正しい意図に適合させ、かつ解釈することである。D. 1. 3. 24 [25.], D. 1. 3. 9, D. 45. 1. 91. §3. 第二には、諸々の法規をゆたかなものにし、かつ、法規により包含されない類似の種に、衡平の蓋然性ある理由にもとづいて、衡平がひとしいということから、拡張することである。D. 1. 3. 10その箇所についての注釈。C. 4. 18.? 第三には、諸々の法規において、法規の意味からもまた三段論法的論証からも決定されることができない事柄については、［衡平が］裁判官および法の準則として適用される。というのも、法律家が言うように、この場合には衡平が示唆することに従うべきだからである。D. 39. 3. 2. §5. この箇所の注釈およびパノルミターヌスX. 1. 36. num. 6. 7. エフェルハルド『鑑定録』78末尾」。Sed, ut antè posui, etiam jus naturae, quo utimur, pars juris Romani est : & consequenter, aequitas quóque haec tam scripta, quàm non scripta eodem referri, atque ita pertinere ad jus ἄγραφον potest. Cujus usus elucet in tribus praecipuè articulis. Primus in legibus, ex aequo & bono ad sanam rationem, & rectam sententiam accommodandis, & interpretandis. l. nulla 24 l. in ambigua. 19 inf. de legib. l. si servum, 91. §. sequitur. 3. de verbor. obligat. Secundus in legibus ampliandis & probabili aequitatis ratione, ad similes species quae lege comprehensae non sunt, ex paritate aequitatis extendendis, l. neque. l. 10. cum mult. seq. de Ll. ubi glo. C. de constit. pecun. Tertius, ut in his quae nec de sententia legis, nec ratiocinationis argumento definiri possunt, pro regula judicii atque juris valeat. Hic enim quod aequitas suggerit, ut ait IC. erit sequendum, l. in summa 2. §. item Varus, de aq. plu. arcen. c. fin. ubi gl. & Panorm.num. 6 & 7. ext. [Decret. Gregor.?] de transactio. Euerhar. consil. 78 in fin.

(訳注7) Arnold Vinnius : In quatuor libros Institutionum imperialium commentarius academicus et forensis, 4. Ausg., Amsterdam 1665, zu I. 1, 1, 9, Nr. 7＝ed. Venetiis 1804「ところで、衡平もまた、それが本来的に言われる場合には、この［市民］法の一部ではない。衡平は、書かれざるものであるがゆえに、なるほど、「書かれざる［法］」である。しかし、かの法が、市民法の種を構成する、という意味で、そのように［書かれざる法と］呼称されることができるのではない。このことをいっそうより平明に理解するためには、つぎのことを考察するべきである。衡平なる名称は二重に理解される。すなわち、あるいは、種としては、市民法から区別されるものとして。類の呼称は、市民法と相容れる。というのも、すべての法規および市民法には、なんらかの衡平が内在する、と信じられ、すべて衡平を欠くものは、法の名に値いしないからである。そして、キケロー『トピカ』第二章は、この意味で、市民法を、同一の市民共同体に属する者たちのために定める者の衡平と定義する。しかし、種として、かつ本来的に解される衡平は、法と対置される。しかも、幾人かの者が誤解するように、衡平は、書かれた法と対置されるのではなく、それは厳格法と対置される」。Sed nec aequitas proprie dicta hujus juris pars est. Est quidem ἀγραφὸν τι quia scripta non est ; sed non eo sensu ita appellari potest, quo jus illud constituit speciem Juris civilis. Quod ut planius intelligatur, observandum est, nomen aequitatis dupliciter accipi ; vel in genere pro aequo quod cum omni jure conjunctum est ; vel in specie pro eo, quod a jure civili diversum. Generalis appellatio etiam juri civili convenit, nam omnibus legibus & juri civili aequitas aliqua inesse creditur, nomenque juris non meretur, quod ab omni aequitate destitutum est. Atque hoc sensu Cic. in Topic. cap. 2. jus civile definit aequitatem constituentis iis, qui sunt ejusdem ciuitatis. In specie autem & proprie accepta aequitas juri opponitur : non scripto, ut male nonnulli, sed stricto.

（訳注8） Benedict Carpzov : Jurisprudentia Forensis Romano-Saxonica, hrsg. v. Andreas Mylius, Leipzig und Frankfurt 1684＝ed. Lipsiae 1703, p. 2, c. 15, d. 14.「婦女は、保佐人なしにでもまた、消費貸借契約から、有効に債務を負わされる。［婦女の行為無能力原則についての］の第九［の例外］。消費貸借により金銭を受け取る婦女は、たとえ保佐人が介入せずとも債務を負わされる。このことは当地方の慣行によって、そのように承認されている。この例外の理由は、ほかでもない、つぎのことに帰されることができるであろう。婦女が、消費貸借契約において、損害をこうむる、ということは、このうえもなく稀である。というのも、すなわち、婦女は、消費貸借によって受け取った金銭を、自分の使用に転用するからである。ただし、婦女が、悪意または欺罔によって［金銭が］もたらされることを意欲する場合は、格別である。この場合には、わたくしは、さきの判決で、婦女にはたとえ保佐人が欠けている場合でも、なにも助けとはされない、と述べた。そして正しくも、もしも、この場合において、婦女らに、原状回復が与えられるであろうならば、立ち会う保佐人がいないのに婦女らとなにか取引をもつことを意欲する者はわずかしか見いだされないかあるいはむしろまったく見いだされないであろう。にもかかわらず、保佐人は、つねに持たれることができるわけではない。それゆえに婦女らを優遇するために定められたことが婦女らを憎むことに立ち戻る結果になる。これは、C. 1. 14. 6. C. 5. 9. 5. 文言『しかしこれらの場合には』に反する。実際にも、たとえ、このことが、いかなる法規によっても定められていないにせよ、にもかかわらず、婦女らに、消費貸借によって受領した金銭の返還について債務を負わせる、というのは、自然の理であるように見える。たとえ、われわれは、法を欠くにせよ、たしかに、衡平が、このことを命じる。それは、法律家パウルスが、D. 39. 3. 2. §5 末尾で述べるとおりである。／ドレスデンなるヨハン＝プランケンシュタインの伺いに対する師［カルプツォフ］の一六二〇年一〇月の［判決］は、以下のとおりである。（判決の文言。こうして、債務者女は、前述の二〇〇〇フロリンをたまった、ラントで通常の利息を付けて支払うことについて義務がある。かつ、

この女は、この二〇〇〇フロリンを借用しかつ受領するさい、その［訴訟］保佐人をもっていなかったからといって、そのような状態でありそれを承認したのであれば弁済を避けることはできない。V. R. W.)」。Ex contractu mutui efficiter obligatur mulier etiam sine Curatore. Nonò : +Obligatur mulier accipiens mutuò pecuniam, Curatore licet non interveniente, quod usu harum provinciarum ita receptum est, +cujus limitationis ratio vix alia reddi poterit, quàm quod mulier in contractu mutui rarissimè laedatur, convertendo scil. pecuniam mutuò acceptam in usus suos, +Nisi dolosè & fraudulenter versari velit, quo casu Curatoris absentiam mulieri nil quicquam opitulari, dixi Def. praeced. Et rectè, +si hoc in casu mulieribus daretur restitutio, futurum esset, ut pauci aut potius nulli omninò reperirentur, qui quid cum illis commercii habere vellent, nisi Curator praesens adesset, qui tamen semper haberi non potest ; Adeoque in odium mulierum consequenter retorqueretur id, quod in favorem ipsarum est constitutum, contra l.quod favore. 6. C. de legib. l. generaliter. 5. vers. in his autem casibus. C. de secund.nupt. +Quin & si nulla lege hoc cautum sit, ratio tamen naturalis mulieres ad redditionem pecuniae mutuò acceptae obligare videtur. +AEquitas quippe hoc suggerit, etsi jure deficeremur, ut loquitur JCtus Paulus in l.in summa. 2. §. it. Varus. 5. in fin. ff. de aq. & aqu. plu. arcend. / Ita Domini ad consulationem Johann Planckensteins zu Dresden/M. Octobr. Anno 1621.（Verba sentent. So ist die Schuldnerin vorberührte 2000. fl. zusamt den auffgelauffenen Land-üblichen Zinsen zu bezahlen pflichtig/und sie mag sich der Zahlung dahero/daß sie bey Erborgung und Auffnehmung solcher 2000. fl. keinen Kriegischen Vormunden gehabt/so dabey gewesen/und darein gewilliget/nicht entbrechen/V. R. W.）ちなみに、ローマ法では、婦女は、行為能力あるのを原則とし、金銭消費貸借契約も、単独で締結できた。ただ他人の債務への関与（加入intercessio）のみが、紀元後四六年のウェルレイアーヌム元老院議決によって変則的に禁止された。訴求された婦女は、同議決の抗弁で対抗できた（原田慶吉『ローマ法』二六〇頁）。

（訳注9） Andreas Gaill : Practicarum observationum, tam ad processum iudiciarium,...hrsg. v. Gualterius Gymnicus, Köln 1697＝ed. Antverpiae 1653, lib. 2, obs. 23, n. 25-26「賃料の免除について。……しかし、永借人は、小額の借料（カノン）を、おもに、所有権を承認してもらうために給付するのであって、物を使用するために給付するのではない。……かの［賃貸借と永借との］相違の理由は、永借人が、おおきな借料を支払い、このおおきな借料が、果実の価値をもち、かつこの果実と等価的である場合には、やまる。というのも、この場合には、むしろ、所有権を承認してもらうため、というよりも、むしろ、物を使用する対価として、かつ、それゆえに、小作人が用いることができるのとおなじ利益または権利によって、賃料（ペンシオー）を支払うと解されるからである。この見解は、より寛大なものである。ただし、多くの者が、反対意見をもつ。……偉大なる師［ナッタ］は、［その鑑定録の］双方の箇所で、この見解を、きわめて力強く攻撃する。かれは、こう結論する。永借人は、凶作を理由としては、小額の借料（カノン）の免除をうけないと。それは、数多くの理由をあげてのことである。：もっとも、師は、他の者らの説がよりいっそう衡平に合致すること、また疑わしい場合にはより寛大な解釈を推定するべきことを認める。それは、D. 13. 4. 4 末尾。D. 39. 3. 2. §5 によるものである。そこには、「たとえ、厳格法は欠けるにせよ、この衡平が要求する」とある。D. 50. 17. 56. にもかかわらず、師は、こう結論する。諸々の法規によって支えられない衡平は斟酌するべきではなく、また、裁判官は、法が定めたこととはことなることを判決することができない」。Pro remissione pensionis. ......Sed empitheuta canonem principaliter in dominij recognitionem, & non propter vsum rei praestat. ... Ista ratio diuersitatis cessat, si emphyteuta soluat canonem magnum, fructibus condignum & aequalem : quia tali casu intelligitur pensionem soluere magis pro vsu rei, quam recognitione dominij : & ideò eodem beneficio, vel jure, quo colonus vt [i?] potest. ... Et haec opinio benegnior est : Licet multi contrarium sentiant : ...magnif. Dominus, vtrobique potentissimè hanc opinionem oppugnat, concludendo, emphyteutam ob sterilitatem nullam canonis habere remissionem, per multas rationes : & quamuis aliorum opinionem fateatur magis aequitati consentaneam esse, & in dubijs benegniorem interpraetationem assumendam, per tex. elegat[n?]tem in l. quod si Ephcs. in fin. ff. de eo quod certo loco. tex. in l. 2. §. item varus ait, ff. de aqua plu. arcen. ibi, haec aequitas suggerit, etiamsi iure stricto deficiatur. tex. in l. semper, ff. de reg. iur. tamen concludit aequitatem non adiutam legibus curandam non esse & iudicem aliud iudicare non posse, quam quod iure definitum est. ここで問題なのは、賃借契約一般においてではなく一定の借料を支払って永久にかまたは長期間耕作する永借契約において、おおきな借料を支払っていた永借人は、不作で収穫がなかったときには、借料の免除を、永貸人に請求できるか、である。

（訳注10） David Mevius : Decisiones super causis praecipuis ad summum tribunal regium Vismarense delatis, hrsg. v. Johann Jacob v. Ryssel, 6. Ausg., Frankfurt am Main 1726＝Francofurti et Stralesundi 1681, p.1, dec. 208「委付ないし差押えにもとづいて、債権者らが占有する土地を賃貸するにあたっては、優先権は債務者にはない。債権者らが、債務者の財産の占有に委付され、かつこの財産の管理を取得した。のち、実際、占有の譲渡が公示され破産手続きがおこなわれた。これらの手続きでは債権者に満足が与えられないとすれば、果実以外のいかなる権利も残らない。しかし物は債権者らの利益に属する。これらの債権者には、弁済をうけるためだからといって、かの財産を売却することは許されない。しかし、売却にいたることが許されないかぎりは、果実を取得し、かつ、そのように管理し、この管理について処分し、あるいは、みずから管理し、あるいは、他人に賃貸することは［許される］。また、債務者は、債権者らから賃借する他の者よりも自分が優先されることを意欲しても、債権者らが反対すれば、聴かれるべきではない。いかなる法規も、この債務者を、かれが、賃借権によって財産を保持するべきものとして、他人と同一の権限をもつものとすることはなく、いわんや、この債務者を、他人よりも優先することはないし、債権者らが反対しているのに、この債務者と［賃貸借契約を］締結するように［債権者らに］強制することはない。この法規がないかぎり、たとえ衡平は［法規の］基礎にあると観ぜられるにせよ、衡平は、斟酌されることはない。（注10）それゆえ、債務者の地位にある者またはこの債務者の債務を承継する者

との賃貸契約を命じた［原審の］判決からの控訴を必ず認めるべきである。そう判決することは正義に合致しないからである。……（注10）法規なき衡平は、脳味噌ででっちあげた当てずっぽうのものであり、脳味噌ででっちあげたのではない法規を遵守すべき裁判官は斟酌しない……」。Debitori in locatione fundi, quem ex cessione aut immissione creditores tenent, jus protomiseos non est. POstquam creditores immissi sunt in debitoris bona earumque administrationem, obtinuerunt, imò cessione bonorum saltem intimata & concursu excitato isti, nisi illis satisfacit, nihil juris qua fructus superest, sed res pertinet ad utilitatem creditorum, quibus non modo pro consequendâ solutione licet ista distrahere, sed quamdiu ad distractionem pervenire non licet, fructus percipere, itaque etiam administrare, aut de administratione disponere, seu sua administratione seu etiam in alium locatione. Nec audiendus est ipsis invitis debitor, si alii, qui à creditoribus conducit, praeferri velit, quem nulla lex facit ejus compotem, ut bona conductionis jure retinere debeat, nedum aliis praefert, aut ut creditores inviti cum illo contrahunt injungit. Sine qua aequitas, quae subesse videtur, haud attenditur.（10）Quocirca à decreto per quod praecipitur contractus locationis cum eo, qui debitoris loco est, seu in ejus debitum succedit, appellatio tam necessario admittenda est, quam sic mandare justitiae non conveniens. ...（n. 10）AEquitas sine lege cerebrina est, & temeraria, nec à Judice, quem debet sequi legem non cerebrum, attenditur. ...

（訳注11）Francisco Suarez : Tractatus de legibus ac De legislatore（1612）, in ders. : Opera omnia, hrsg. v. Carolus Berton, V/VI, Paris 1856＝V, ed. nova, Parisiis 1872, lib. 2, cap. 16, Nr. 7「第二の主張。——本来的な衡平は、自然法には、自然的衡平として観るかぎりけっして場をもたない。——この理論は、諸々の事例をさまざまに紹介することによって確証され、かつ説明される。——にもかかわらず、わたくしは、こう述べる。本来的な衡平は、自然的であるか、またはそれ自体として見たものとしての、なんらかの自然的な掟においては、場をもたない。それゆえに、人間によっても、また、神自身によっても、［衡平は］つくられることができない。この

後者の部分は、前者の部分から帰結する。しかるに前者の部分は、他の著作家たちが反対に援用するのと同じ諸事例からの帰納によって証明される。ひとつの事例は、あずかったものを返還する、という法規についてである。この事例を、カイェターヌスが用いる。われわれは、かの事例においては、あずかったものを返還することが、正義と愛とに反する場合には、義務づけない、と解釈するからである。しかし、この解釈は、それ自体として観た自然的掟そのものにある衡平ではない。というのも、かの掟は、このように、正しい理性においてあり、かつ、正しい理性は、あずかったものを返還せよ、とは、無条件には命ぜず、正義と愛の理由が要求する諸条件を顧慮したうえで命じるからである。そして、こうして、その場合おこなわれる解釈は（カイェターヌスが言うようには）普遍なもののためにあるのではなく、法規それ自体のもつ真の普遍性の表示である。それは、それ自体として公布されたものとしてあり、すなわち、正しい理性において包含されるものとしてある。それゆえに、それは、衡平ではない。ナワルスが、別の事例を、殺人についてのクレメンス教皇令集第一巻より引用する。それは『汝、殺すなかれ』という掟についてである。この掟は、正当防衛における殺害を含まない。…しかし、この正当防衛における殺害は、衡平ではなく、かの掟の真の意味についてのたんなる解釈である。いったい、だれがこう言うであろうか。罪人らを殺害することが、十戒の第五戒に妨げられることなしに、公的権威には許される、という解釈は、衡平ないし掟の修正である、と。…たしかに、だれも、そうは言わない。というのも、それは、掟の真の意味の解釈にすぎないからである。それゆえに、同じことが、自己防衛についてである。それらは、同じ理由をもつからである」。Secunda assertio. —Propria epikia nil habet locum in lege naturali, ut naturalis est. —Confirmatur doctorina varia exemplorum inductione, ac explicatur. —Nihilominus dico secundo: Propria epikia non habet locum in aliquo praecepto naturali, ut naturale est, seu secundum se spectato: unde nec ab homine neque a Deo ipso fieri potest. Haec posterior pars sequitur ex prima: prima vero probatur inductione in eisdem exemplis quae alii auctores in contrarium adducunt. Unum est de lege reddendi depositum, quo utitur Cajetanus, quia in illo interpretamur non obligare in casu in quo esset contra justitiam vel charitatem depositum reddere. Haec autem interpretatio non est epiikia in ipso praecepto naturali secundum se spectato : nam illud praeceptum, ut sic, est in recta ratione, et recta ratio non absolute dictat depositum esse reddendum, sed sub intellectis conditionibus quas ratio justitiae et charitatis requirit, et ita illa interpretatio quae tunc fit non est propter universale (ut Cajetanus loquitur),sed et declaratio verae universitatis ipsius legis, prout in se lata est, id est, prout in recta ratione continetur. Non est ergo epiikia. Aliud exemplum adducit Navarrus ex Clement. I de Homicid., de praecepto Non occides, quod non comprehendat occisionem in defensionem necessariam : haec autem non est epiikia, sed simplex interpretatio veri sensus illius praecepti. Quis enim dicat declarationem quod liceat auctoritate publica occidere malefactores non obstante quinto praecepto Decalogi, esse epiikiam, seu emendationem praecepti : nemo certe ita loquitur, quia solum est declaratio veri sensus praecepti ; idem ergo est de propria defensione ; nam sunt ejusdem rationis. ...

(訳注12) Hugo Grotius, De aequitate, indulgentia et facilitate, in ders. De jure belli ac pacis, Amsterdam 1720=ed. Lausannae 1752, c. 1, Nr. 3, 6, 7. 「ところで、衡平とは、本来的、かつ特殊には、意思に属する徳であり、法規がその普遍的な定式のため欠いている事柄の修正である。さて、衡平とは、法規を修正するものそれ自体である。……ゆえに法規については、われわれが、その言葉をひろく取る場合には（それが、衡平の対象なのだが）、われわれは、たんに市民による制定法のみならず、諸民族および自然それ自体についての知識をも理解する。これらの知識は、書かれたものからも、また本来の法からも構成されないにせよ、にもかかわらず、普遍的に理解される。たとえば、あずかったものは返還せねばならないが、このことは、精神錯乱者が請求する場合には適用されない。かの［広義での］法規は、神が特別に禁止ないし命令することがらをもまた包含する、ということを、われわれは、疑わない。…衡平が修正する、かの欠缺は、かかる欠陥が人間のつくった諸法規においては、しばしば発生するにせよ、つねに、立法者の欠陥から生じるわけではなく、確たる、かつ決定的な準則で規制する

に適さない、素材の欠陥から生じるからである。したがって、神の諸法規を、神によってきざまれた自然の諸知識から補充する、ということは、けっしてばかげたことではない。たとえば『汝、殺すなかれ』と言われる場合には、われわれは、こう補充する。ただし生命を護るため、または、公の処罰のためである場合は、除外されると」。

Proprie vero & singulariter aequitas est virtus voluntatis, correctrix ejus in quo lex propter universalitatem deficit. AEquum autem est id ipsum, quo lex corrigitur. ...Legem ergo cum dicimus (quae aequitatis objectum est) late ejus vocem sumimus, & non tantum constitutiones civiles, sed & ipsas juris gentium atque ipsius naturae notitias comprehendimus, quae etsi nec scripto, nec jure proprie constant, universaliter tamen concipiuntur, ut: reddendum depositum: neque enim locum habet in furioso ensem reposcente. Quin illa etiam, quae Deus extra ordinem vetat, aut praecipit, comprehendere non dubitamus: quia is defectus, quem aequitas corrigit, non semper est ex defectu auctoris, quanquam is in humanis legibus plerumque concurrit: sed ex defectu materiae, quae certae & definitae regulae non est capax. Unde etiam Dei leges ex notitiis naturae impressis ab ipso Deo supplere minime absurdum est, ut cum dicitur: non occides, supplebimus, nisi tuendae vitae, aut publicae animadversionis causa.

（訳注13） Johannes Harpprecht: Commentarii in quatuor Libros Institutionum Iuris Civilis, Tom. 1, Frankfurt 1658＝ed. Tubingae 1627, zu I. 1, 2, 11, Nr. 3「つまり自然法は、極度の窮迫のため、やむをえず盗みをしたときですら、窃盗を禁止することを意欲した、とは観ぜられない。たとえば、だれも、他人を殺害するなかれ、という掟は、自然法に属する。出エジプト記20 v. 13. 申命記5. v. 17. およびマタイによる福音書5. v. 21. それにもかかわらず、次のことが、法規によって依然定められる。だれか或る者が、防衛のために、他人を殺害することは、罰なしにできる。D. 1. 1. 3. & D. 43. 16. 1. §27 & C. 8. 4. 1. および多くの合致箇所。だが、だからといって人間の諸法が自然法と矛盾したり、あるいは自然法を廃棄するわけではない。むしろ人間の諸法は自然法を解釈しかつ決定しかつつぎのことを明らかにする。自然法は、それが、類として、殺人を禁止する場合に

は、かかる種については考えてはいなかったのである」。Neque enim jus naturae furtum eo in casu prohibere voluisse putatur, ubi summa necessitas ad furandum impellit. Sic quamvis praeceptum sit juris naturalis ; ne quis alterum occidat. Exod. 20. v. 13. Devter. 5. v. 17. & Matt. 5. v. 21. nihilo tamen minùs legibus cautum est, quempiam defensionis causa impunè alterum occidere posse. l. ut. vim. 3. ff. de iustit. & iur. l. 1. §. vim vi ff. de vi & vi arm. l. 1. C. unde vi. & multis concordantib. Neque verò propterea jura humana naturali juri repugnant, aut id tollunt : sed potiùs declarant illud, & determinant, ostenduntqúe : jus naturale quatenus homicidia prohibet in genere, de tali specie non sensisse.

（訳注14） **Aristoteles : Nikomachische Ethik, VI, 3, 1139b.** 「それゆえ、学問的に知られるものは必然にある。それゆえ、永遠なものである。なぜなら、無条件な意味で必然にあるものはすべて永遠なものであり、永遠なものは不生不滅なものだからである。さらにまた、すべての学問は教えられうるものであり、学問的に知られるものは学習されうるものであると考えられている。……それゆえ、学問とは論証の性能であり、……すなわち、学問的な知識は、原理に関する或る確信が得られ、原理がひとに知られてくる時、成立する。というのは、原理に関する確信が結論に関する確信より劣るものであれば、かれのもっている学問的知識は付随的な意味のものになろうからである」。『アリストテレス全集』第一三巻一八七―一八八頁。

（訳注15） **Aristoteles : Nikomachische Ethik, VI, 5, 1140b.** 「したがって、もしも、学問が論証を伴うものであり、また、その［ものを成り立たせている］始まり［原理］が他でありうるものについては論証はありえないとすれば（なぜなら、そのようなものはすべて他でありうるから）、また、必然に存在するものについて思案をめぐらすことはありえないとすれば、賢慮は学問でもなければ、技術でもないだろう。学問でないというのは、行為されるものは他でありうるからである。技術でないというのは、行為と制作は類を異にするからである。それゆえ、結論として残るところは、賢慮は『人間にとって善いものと悪いものに関する、分別の働きを伴う、真なる行為の性能』であることになろう」。『アリストテレス全集』第一三巻一九〇頁。

（訳注16） Samuel Pufendorf: Elementorum jurisprudentiae universalis libri II, (1660),Frankfurt und Jena 1680［講演者の厚意により原典複写参看］「緒言。法と衡平との学問は、単一の市民共同体の諸法規に尽きるものではない。それは、だれであれあらゆる人間たちの、相互に対する諸々の義務を支配するものである。普遍的な知恵の研究を、みずからの名によって売りものとする者たちは、この法と衡平との学問を、法と衡平に関して、そしてその必要性と尊厳が要求するところまでは、耕し拓くことをしなかった。こうした事情のおもなる諸理由のうちでは、つぎの理由もまた、存在した、と見られる。つまり、学識ある者たちにあっては、以下の共通の確信が居座っていた。倫理についての事柄には、堅固なる、そして、欺くことを知らない確実性が、その本性からして、欠如し、かつ、なんであれ、これらの倫理的な事柄について認識されることは、たんに蓋然的な意見から成るにすぎない、という。ここから、つぎのことが、発生した。かれらは、腕を止めてしまいほとんど開墾しなかった。この倫理的な事柄は、そのようにも滑りやすい基礎に拠っている、とかれらは、信じた。そして、これらの、もっともらしい怠け者たちには、つぎの言い訳が存在した。かの倫理的な事柄は、確固たる論証をまったく含まず、愚かなミネルヴァだけがこれを研究することができる、というのである。……従来、このような誤りすべてをつねに流してきたのは、アリストテレスからの、わずかな三・四語の解釈のみであった。あなたが、これらの言葉を、その真正なる意味に戻すであろうならば、スタギラ人［アリストテレス］の判断からしてもまた、法には、いわゆる論証的な学問の中でその名を名乗ることが許されよう」。PRAEFATIO. Scientiam juris & aequi, quae non unius civitatis legibus absolvitur, sed qua quorumvis hominum erga se invicem officia reguntur, pro eo, ac ipsius necessitas & dignitas postulabat, non usque adeo excultam hactenus dedere,qui universae studium sapientiae ipso nomine venditarunt. Inter ejus rei praecipuas causas & haec videtur fuisse, quod communis fere eruditis sederit persuasio, firmam atque fallere nesciam certitudinem rebus moralibus per naturam suam deesse, & quaecunque circa easdem cognoscuntur, probabili duntaxat opinione constare. Unde factum, ut suspenso fere brachio excolerent, quae tam lubrico inniti fundamento credebant, &

plausibilis heic negligentibus excusatio suppetebat, certis demonstrationibus ista hautquaquam contineri, sed crassa duntaxat Minerva posse tractari. ... totum isthunc errorem hactenus tam pertinaciter aluit prava trium solummodo aut quatuor verborum ex Aristotele interpretatio, quae ubi genuino suo sensui restitueris, etiam per Stagirensia decreta Juri inter scientias, quas vocant, demonstrativas nomen suum profiteri licebit.

（訳注17） **Urlich Huber : Digressiones Justinianeae, 3. Ausg. Franeker 1696.** この書を翻訳担当者は、参照することができなかった。だがしかし、参照することができた**Ulrich Huber : Praelectiones Juris Civilis, Tom. 2, Neapoli 1787, l. 1, tit. 1, n. 11-14**には、これに関連して、以下の叙述がある。「アリストテレスは、衡平をして、法規を補正するもの、法規の修正と呼ぶ。『ニコマコス倫理学』5.10. あなたは、これらの文言を、こう理解せよ。つまり、法規の意味それ自体が、衡平に反するときには、ただ、法規を制定する権利をもつ者のみが、法規を補正する。それはまさに述べられるとおりである。その場合、裁判官にはいかなる職権もない。あなたは、この例を、**D. 40. 9. 12. §1**から求めよ。そこでは、『言明されたこと』はたしかに、極端に厳格なことであるけれども、しかし、法規には、そう書かれている。われわれは、衡平については、『ユースティニアーヌス余談』**lib. 1, cap. 6**でくわしく論述した。以上からしてみるに、衡平とは、二重に、これを定めることができる。ひとつには裁判官の衡平であり、いまひとつには立法者の衡平である。われわれは、裁判官の衡平については、すでに論述した。立法者の衡平は、さらに二重であり、つまり、自然的衡平と市民的衡平が、ある。自然的衡平は、事柄を、最初の、かつ、一般的な単純なかたちで考察する。市民的衡平は、この自然的衡平になんらかの市民共同体に属する公益を斟酌することを、結びつける。……さて、こう知るべきである。諸々の法規が依拠する衡平は、普遍的に考えられるべきであって、個々人を斟酌して考えられるべきではない。つまり、しばしば生じることだが、法規は、普遍的には、衡平で善なるものであるが、特定の人々に関しては有益だとも衡平に反するとも見られる。最高裁判所は、諸々の法規が命じる事柄を、個々の諸事情にしたがって加減することができ、こうした諸事情の影響を

うけうるが（たとえば、スウェトーニウスが、クラウディウス帝について伝えるごとし）、しかし、下級の裁判官らは、諸々の法規の文言に拘束される、と考える者たちが存在する。……しかし、その理由は、こうである。最高裁であれ、下級の裁判所であれ、いかなる裁判官も、法規の普遍的意図から、衡平を理由として、ケースバイケースに、違背することはできない。けだし、裁判官はすべて、民事であっても、すなわち公訴なしに裁判する場合でも、諸々の法規の下僕にほかならず、もしも、裁判官らが、事実のあらゆる種において［諸法規に］従うか否かを判断する裁量をもつであろうならば、諸法規の一貫性も確実性も存在しないであろう」。Aristoteles aequitatem ἐπανόρθωμα τοῦ νομίμου vocat 5. Nic. c. 10. correctionem Legis; intellige, verborum: Nam si ipsa mens Legis sit iniqua, solus eam, qui jus condendae Legis habet, emendat, ut modo dictum. Judicis tunc nullae sunt partes. Exemplum pete ex l. 12. § 1. D. qui & a quib. manum. ubi πολυθρύλλητον illud, quod quidem perquam durum est; sed ita lex scripta est. Plura super AEquitate disputavimus in lib. 1. Digress. cap. 6. Secundum haec, AEquitas duplex statui posse videtur; una Judicis, altera Legislatoris. Illam habuimus. Haec iterum est duplex; Naturalis vel Civilis. Naturalis considerat res in simplicitate primaeva & generali. Civilis cum ea respectum publicae utilitatis alicujus civitatis conjungit. ... Sciendum est porro, AEquitatem, qua leges nituntur, in universum, non respectu singulorum casuum, esse considerandum: nec enim est insolens, ut lex in universum aequa & bona, respectu certarum personarum utilis & iniqua videatur. Sunt qui putant, supremas Curias moderari posse dictata legum, juxta singularum merita circumstantiarum & prout illis afficiuntur, (quemadmodum Suetonius refert de Claudio) sed quod Judices inferiores verbis legum sint alligati, ... Verum ratio sic est; nullos judices supremos aut inferiores a sententia legis universa propter rationem aequitatis, in hoc illove casu, recedere posse, quia cuncti Judices etiam ἀνυπεύθυνοι, i. e. qui sine provocatione judicant, nihil quam ministri Legum sunt, quarum nullus tenor aut certitudo foret, si Judices in cunctis factorum speciebus,

utrum sequendae essent vel non, judicandi arbitrium haberent. なお、フーバーは、裁判所が、衡平にもとづく裁判を排斥した事例として一六八〇年のフリーセン最高裁判決をあげる。既婚婦人Zが、その血族Aを、債権者たる農夫Xに対して、債務引受（更改）することによって、債務から解放し、かわって、Z自身が債務を負担し、利息を支払いつづけた。Z・Aともに死亡したのち、Xが、Zの相続人Yに対して債務の弁済を訴求した。Yは、Z＝婦女の加入を禁止したウェレイアーヌム元老院議決でもって、抗弁を対抗させた。法学者の鑑定は、Xの訴求を棄却するのを、衡平違反である、と判断した。しかし、最高裁は、この鑑定を採用せず、Yの抗弁を認めて、Xの訴求をしりぞけた。

（訳注18） **Ersnt Johann Friedrich Mantzel : De limitibus iustitiae, aequitatis, Jena 1741. §. 46-47 + §. 18**「ところで、このわたくしは、こう書くよりほかには、方途をとることができない。法律家が言明するすべてのことは、法規に反しては、なにも定められるべきではないがゆえに、法規にしたがって言明されたものか法規を越えて言明されたものかのいずれかであると。われわれが法規を越えてなにかを定めた場合というのは、発生する事件について、なにも規定がない場合である。このことはめったに起らない。D. 1. 3. 3. 参照。それゆえに、法規にしたがって、訴訟がおこなわれるべきであろう。そして、あきらかに、すべての、いわゆる衡平は、このように、諸々の法規それ自体によって、必然的に述べられるものである。そしてこうして、恩恵からの、いかなる行為も、裁判官には、義務づけられず、課されず用意されない。そして、このことが真実であるがゆえに、厳格法よりも優先されるべき衡平は与えられないと、わたくしはうえで確信をもって述べた。クレッシウス師閣下の最大労作『衡平論』が読まれるべきである。意見を異にする者たちがわたくしにつぎの諸事例を提供するであろうならば、わたくしの考えは、いっそうより明確にされる。かれらは、これらの事例においては、衡平の優先が発生する、と考える。わたくしは、依然として、わたくしのうえの両刀論にとどまる。わたくしは、おおくの博士を吟味した。かれらは、衡平について、慣例にしたがって書いてきたのである。かれらは、言う。衡平は、法がその一般性ゆえに欠缺するとみられる場合の、法の修正である。かれらは、言う。衡平は、法を補充するものである。かれらは、衡平

を、法の緩和するかつ寛大な解釈と呼ぶ。しかしわたくしは、これらすべてを採らない。わたくしの法の真正な解釈はこれを含まないのだが、あいまいなものはひとしくあいまいに説明され、また、なんらあらたには述べられることはないからである。……わたくしが以上書いたことからつぎのことが明らかになる。法と衡平とのあいだには、いかなる相違もない。不正義と不公平との違いが悪なることと善ならざることとの違いにすぎぬように、衡平と法との違いも、善なることと悪ならざることとの違いにすぎない」。§. XLVI. Sed ego non possum aliter me expedire, quam ut scribam: Omnia, quae JCtus pronunciat, quia contra Leges nihil statuendum est, vel sunt pronunciata secundum Leges, vel praeter Leges: Praeter Leges aliquid statuimus, quando de casu obveniente nihil est dispositum, id quod rarissime contingit. Conf. l. 3. ff. de LL.; Secundum Leges igitur erit procedendum & constabit, quod omnes vulgo sic dictae aequitates à legibus ipsis necessario & ita, ut nulla judici debeatur gratiarum actio, imponantur, suppeditentur; Et quia hoc verum est confidenter dixi superius, nullam dari aequitatem stricto juri praeferendam. Legatur Exc. Dn. KRESSII Diss. operosissma de AEquitate. §. XLVII. Mens mea clarior reddetur, si dissentientes mihi casus obtulerint, in quibus putant, se inuenisse praeferentiam aequitatis. Ego adhuc maneo in meo superiori dilemmate. Scrutatus sum multos Doctores, qui de aequitate ex instituto scripserunt. Dicunt, aequitatem esse correctionem juris quando deficere propter generalitatem videtur: Dicunt, aequitatem esse adjunctum juris: Appellant eadem moderationem & benignam juris interpretationem; Sed ego haec omnia non capio, quia obscurum peraeque obscurum describitur, vel nihil novi dicitur, quod nimirum non mea involveret genuina juris interpreratio.... §. XVIII. Ex his scriptis liquet, quod inter jus & aequitatem nulla sit differentia, sed quod, sicuti injustitia & iniquitas non aliter differunt quam id quod malum & quod non bonum est, etiam aequitas & jus non aliter differunt, quam id quod bonum & id quod non malum est.

［原典複写の参看は、講演者の厚意による］。

(訳注19) 1751, cap. 2, S. 6「われわれが衡平と言うのは、心の仕来りである。われわれは、この心の仕来りによって、書かれた法規を、それが、けっして、自然法に違背しないとみえるように、解釈する」。aequitatem dicimus animi consuetudinem, qua scriptam legem ita interpretamur, ut quam minime recedere videatur a naturali lege. [これも、原典複写の参看は、講演者の厚意による]。

(訳注20) C. F. Hommel, Pro summa, cap. 7, S. 28-29「第七章。書かれた諸法規が、まったく見つからない場合ですら衡平は適用されない。ひょっとしたら、あなたはこう認めるであろう。はっきりとした法規が存在し、この法規が明確に述べられるとき衡平は適用されない、と。ところで、法規が欠缺する場合には、如何? すくなくとも法が包摂しない事柄については、衡平が支配せねばならないのか?けっしてそうではない。というのも、法規が決定していない疑問が発生する場合には、君主に訴えるべきだからである。勅法 tanta §. 18. 君主の宣託が得られえず、またすべてについて解答しなければならない場合には、人道性が要請することほど寛大なものはないが、しかし、法の準則により適合する見解が優先される。D. 1. 3. 32. というのも、法の特殊な準則はつねに一般的な準則に勝るからである。アルチャート『鑑定録』lib. 6. Consil. 44. n. 11. が書くとおりである。ゆえに存在する諸準則に即して別の種を形成しかつ諸判決に諸判決を諸法規に諸法規をそれぞれ合致させることが公正なことである。皇帝コンスタンティーヌスが C. 3. 29. un. で言うごとくである。諸々の判決のこのもっとも優美な調和こそが、それぞれの分野にもっとも輝かしい名誉を結びつける。つまりこの調和がなければ、華麗さと優雅さとは、まったく欠如するとみられる。したがって、市民の知恵においては、つぎのことがいっそう注意ぶかく見守られるべきである。法がこの市民の知恵によってより確実なものとなるということである。公共のおもなる福利はこの法においてのみ最大に維持される。それゆえに、われわれは、衡平と便益が勧めることよりも、むしろ、学理の華麗さと弁証法の精妙さに、このうえもなく、目を向けるべきである」。CAPVT VII. NE QVIDEM TVNC, SI IN SCRIPTIS LEGIBVS NIHIL REPERIATVR, AEQVITATI LOCVM ESSE. Concedas fortasse, non amplectendam aequitatem, si lex disserta adsit, quae clare vociseretur. Quid autem si lex deficiat? Nonne saltim in rebus iure non comprehensis aequitas dominari debet? Ne hoc quidem. Nam si quaestio inciderit dubia, quae nulla sit lege definita, ad principem recurrendum. const.tanta. de confirm. digest. §. 18. Huius oraculum si impetrari nequeat et omnino respondendum sit, tamen non benignior, quam humanitas suggesserit, sed regulis iuris conuenientior sententia praeferatur. l. 32. I. ff. de legibus. Nam iuris regula specialis semper vincit generalem, vt scribit ALCIATVS lib. 6 Consil. 44. n. 11. Igitur ad regulas quae sunt, alias species formare aequum est, et sententiis sententias, leges legibus concordare, vt Imperator Constantinus ait l. un. C. de inoff. dotib. Haec suauissima sententiarum harmonia cum vnicuique disciplinae splendissimum decus conciliet,vt haec si absit, omni ornatu et elegantia carere videantur, in ciuili sapientia tanto studiosius custodienda est, quo per eam ius euadit certius, in quo vno praecipua reipublicae salus maxime conseruatur. Pauca igitur ad id quod aequitas et commoditas suadet, plurima ad pompam doctorinae et dialecticam subtilitatem referamus.

（補　注）

右記訳注で引用した各文献中にみえる「たとえ法は欠如するにせよ、この衡平が得策であると観ぜしめる」・「このことは、なるほどきわめて苛酷なことであるが、しかし法律はこう書かれている」・「衡平と法とのあいだにおかれる解釈を斟酌することは、ひとり余のみがこれをなさねばならず、また、なすことを許される」・「すべての事柄において、正義と衡平が、厳格法の理由よりも優先される」は、それぞれ、以下のローマ法源箇所による（テクストは Gebauer-Spangenberg 1776-1797年版に拠った）。

(1)　D. 39. 3. 2. §. 5（ウルピアーヌス・告示注解第五三巻より）「同じくウァルスは、こう述べる。水の力が、隣人の土地に存在した土手を、倒壊させた。このことによって雨水が、わたくしを害する、という結果が存在する。ウァルスが言うには、土手が、自然の土手であったならば、わたくしは、隣人に、雨水阻止訴権によって、その土手の再設置または再設置の忍容を、強制することはできない。同人は、また、こう考える。その土手が人工的に築造され、かつ［その築造についての］記憶が存在しない場合にもまた、同じである。［築造についての記憶が］存在する場合には、隣人は、雨水阻止訴権によって拘束される、と、かれ［ウァルス］は、考える。しかし、ラベオーは、土手が人工的に築造された場合には、たとえ、その［築造についての］記憶が存在しないにせよ、再設置されるべく、訴えられることができる［と考える］。というのも、この［雨水阻止］訴権によっては、だれであれ、隣人に利益をもたらすことをではなくて、［隣人を］害しないこと、あるいは、かれ［隣人］が、適法になしうることを妨害しないことを強制されるからである。しかし、私見によれば、［自然的な土手の倒壊の場合には］、わたくしが、かの隣人の農地において、土手の原状回復を意欲するときには、たとえ、雨水阻止訴権は、帰属しないにせよ、準訴権または特示命令が、わたくしには、隣人を相手として帰属する。こうした土手の築造は、なるほど、わたくしにとっては利益でありうるが、しかし、隣人を害しないであろう。たとえ、法は欠如するにせよ、この衡平が、得策であると観ぜしめる」。Item Varus ait, aggerem, qui in fundo vicini erat, vis aquae deiecit: per quod effectum est, vt aqua pluuia mihi noceret. Varus ait, si naturalis agger fuit, non posse me vicinum cogere aquae pluuiae arcendae actione, vt eum reponat, vel reponi sinat. Idemque putat, et si manu factus fuit, neque memoria eius exstaret: quod exstet, putat aquae pluuiae arcendae actione eum teneri. Labeo autem, si manu factus sit agger, etiam si memoria eius non exstat, agi posse, vt reponatur: nam hac actione neminem cogi posse, vt vicino prosit, sed ne noceat, aut interpellet facientem quod iure facere possit. Quamquam tamen deficiat aquae pluuiae arcendae actio, attamen opinor vtilem actionem vel interdictum mihi competere aduersus vicinum, si velim aggerem restituere in agro eius, qui factus mihi quidem prodesse potest, ipsi vero nihil nociturus est: haec aequitas suggerit, etsi iure deficiamur.（下線部が、該当箇所）。

(2) D. 40. 9. 12. §.1.（ウルピアーヌス・姦通についての第五巻より）「［序項］立法者は、奴隷が、解放によって拷問をまぬがれることがあってはならない、と見込んだ。それゆえに、かれは、奴隷が解放されることを禁止し、かつ、その期間内には、解放することが許されない一定の期間を定めた。第一項。それゆえに、離婚する婦女らは皆、つねに、かの女の奴隷を解放し、または譲渡することを禁止される。というのもかの文言は、その婦女に仕えなくなった奴隷を、あるいは農地においてであれ、あるいは属州においてであれ、解放し、または譲渡することができない、とするからである。…このことは、なるほど、きわめて苛酷なことであるが、しかし、法律は、そのように書かれている」。PROSPEXIT legislator, ne mancipia per manumissionem quaestioni subducantur : idcircoque prohibuit ea manumitti, certumque diem praestituit, intra quem manumittere non liceat. §. 1. Ipsa igitur, quae diuertit, omnes omnimodo seruos suos manumittere vel alienare probibetur : quia ita verba faciunt, vt ne eum quidem seruum, qui extra ministerium eius mulieris fuit, vel in agro, vel in prouincia, possit manumittere vel alienare : quod quidem perquam durum est : sed ita lex scripta est.

（下線部が、該当箇所）。

(3) C. 1. 14. 1. 皇帝コンスタンティーヌスが、都督バッススに。「衡平と法とのあいだにおかれる解釈を斟酌することは、ひとり余のみがこれをなさねばならず、また、これをなすことを許される」。サビーヌスとルフィヌスがコーンスルの年［紀元後三一六年］一二月三日。INTER aequitatem, iusque interpositam interpretationem, nobis solis et oportet et licet inspicere.

(4) C. 3. 1. 8. 皇帝コンスタンティーヌスとリキニウスが、ディオニシウスに。「すべての事柄において、正義と衡平が、厳格法の理由よりも優先される、ということは、争いのないことである」。ウォルシアーヌスとアンイアーヌスがコーンスルの年［紀元後三一四年］五月一五日。PLACVIT, in omnibus rebus praecipuam esse iustitiae aequitatisque, quam stricti iuris rationem.

解説

一　本書は、「序言」にも記されているように、ヤン・シュレーダー教授が、一九九八年三月二一日から四月一〇日にかけての、日本滞在中におこなった講演の翻訳を集めたものである。収録した順序に従って、講演の原題、開催の日時と場所および通訳者の名前を挙げれば、つぎの通りである。

(1) Zur Geschichte der Topik in der juristischen Methodenlehre der frühen Neuzeit, 一九九八年三月二八日、大阪国際大学サテライトにおいて、守矢健一（大阪市立大学法学部助教授）の通訳。

(2) Zur Geschichte und Legitimität der Analogie im Recht, 一九九八年三月二四日、九州大学法学部において、児玉寛（九州大学法学部教授）の通訳。ついで四月九日、早稲田大学法学部において、笹倉秀夫（早稲田大学法学部教授）の通訳。

(3) Aequitas und Rechtssystem in der fruhen Neuzeit, 一九九八年三月二六日、福岡大学図書館において、野田龍一（福岡大学法学部教授）の通訳による。

以上の三つの講演のうち、第一の講演は、筆者が希望したテーマに従って特別に用意されたものであるが、これまでに発表されたいくつかの論考から成り立っている（後述）。第二の講演は、直前にサヴィニー財団法制史雑誌に発表された論文（Zur Analogie in der juristischen Methodenlehre der frühen Neuzeit, Zeitschrift für Rechtsgeschichte, CXVI. Germ. Abt. S. 1-55）の要約版である。また、第三の講演は、もともと一九九七年一一月、スイスはアスコナのモンテ・ヴェリタで開催されたシンポジウム「人文主義と自然法の間の法学方法論」でおこなわれた報告である。これは、他の参加者の報告とあわせ、近代法史雑誌（Zeitschrift für Neuere Rechtsgeschichte）の別冊としてヴィーンのマンツ社より出版された。本書のテーマに関心をお持ちの方々には、これらの論文の参照をお願いする次第である。

シュレーダー教授は、筆者を申請者とする、学術振興会の平成九年度外国人招聘研究者（短期）のプログラムによって、夫人とともに来日され、上記の講演をおこなわれたほか、専門の研究者と意見交換を重ねられ、我が国のドイツ法学研究の現状についてポジティヴな印象を得られた模様である。今後、同教授を介して彼我の交流が一層盛んになることが期待されるが、九九年五月には、訳者のひとりである野田龍一氏が、九月には筆者がテュービンゲンに招待され、講演をおこなってきた。このような日独交流の機会を与えられた日本学術振興会およびこの企画に協力してくださった関係各位に感謝の意を表したい。

二　つぎにシュレーダー教授の経歴を紹介しよう。

シュレーダー教授は、父ゲアハルト・シュレーダー、母ブリギッテ・シュレーダーの子として、一九四三年ベルリンに生まれた。父は弁護士であり、後の連邦外務大臣である。一九六二年よりテュービンゲン、ボン、ミュンヘンおよびハンブルクの大学で法学を学び、一九六六年にハンブルクで第一次司法国家試験に合格している。そして、ハンブルクのシュミットホイザー教授の指導のもと、刑法のテーマで学位請求論文を物し、一九六九年に法学博士の学位を得た。

その少し前、一九六七年には、レーゲンスブルク大学でゲルト・クラインハイヤー教授の助手になっている。序でにいえば、筆者は、一九六七年夏に、短期間ボンに滞在したことがあり、そのときお世話になったボン大学のドイツ・ライン法史研究所は、ヘルマン・コンラート教授のもとに、ペーター・ランダウ、ゲルト・クラインハイヤー、ウールリヒ・アイゼンハルトといった、現在のドイツ法制史学を支える俊秀が集まっていた。シュレーダー氏は、クラインハイヤー氏がレーゲンスブルクに招聘されるとともに、その助手となったのである。その後、コンラート教授急逝の後、その後継者となった師に随って、一九七三年ボン大学の助手に転じた。その間、ミュンヘンで第二次司法国家試験に合格している（一九七二年）。一九七八年、民法と法制史の教授資格を取得し、テュービンゲン、ザールブリュッケンおよびミュンスターで非常勤の講師を勤めたが、一九八二年に、ボッフム大学の民法と法制史の教授となる。一九八九年には、アドルフ・ラウフス教授の後任として、テュービンゲン大学のドイツ法制史および民法の教授となった。その前に、マールブルクからの招聘を断っている。一九九一年から九二年にかけて学部長職につき、その後ボッフムとボンからの招聘も断り、引き続いてテュービンゲンにとどまって、現在にいたっている。

三　シュレーダー教授の、数多くの研究業績のうち、以下では、独立の著書のみを挙げる。

1　Deutsche Juristen aus fünf Jahrhunderten. Eine biographische Einführung in die Rechtswissenschaft, Karlsruhe, Heidelberg（C. F. Müller, auch UTB 578）1975. 同著の邦訳として、小林孝輔編訳『ドイツ法学者事典』（学陽書房、一九八五年）がある。なお、第四版は増補され、Deutsche und europäische Juristen aus neun Jahrhunderten. Eine biographische Einführung in die Geschichte der Rechtswissenschaft, 1996 と改題された。

2　Wissenschaftstheorie und Lehre der „praktischen Jurisprudenz" auf deutschen Universitäten an der Wende zum 19. Jahrhundert, Frankfurt am Main（Vittorio Klostermann）1979 Ius Commune, Sonderheft 11.

3　Gesetzesauslegung und Gesetzesumgehung. Das Umgehungsgeschäft in der rechtswissenschaftlichen Doktorin von der Spätaufklärung bis zum Nationalsozialismus, Paderborn, München, Wien, Zürich（Ferdinand Schönigh）1985. Rechts-und Staatswissenschaftliche Veröffentlichungen der Görres=Gesellschaft, Heft 44.

4　Justus Möser als Jurist. Zur Staats-und Rechtslehre in den Patriotischen Phantasien und in der Osnabrückischen Geschichte. Osnabrücker Rechtswissenschaftliche Abhandlungen, Band 5. Köln, Berlin, Bonn, München（Carl Heymann）1986.

5 40 Jahre Rechtspolitik im freiheitlichen Rechtsstaat. Das Bundesministerium der Justiz und Justizgesetzgebung 1949-1989, Köln（Bundesanzeiger）1989.

6 Gottfried Achenwall / Johann Stephan Pütter: Elementa iuris naturae（Anfangsgründe des Naturrechts [1750]）, Edition, Übersetzung und Einführung. Frankfurt am Main（Insel Verlag）1995.

7 Christian Thomasius und die Reform der juristischen Methodenlehre, Leipzig（Universitätsverlag）1997.

8 （Hrsg.）Entwicklung der Methodenlehre in Rechtswissenschaft und Philosophie vom 16. bis zum 18. Jahrhundert. Beiträge zu einem interdisziplinären Symposion in Tübingen vom 17.-20. April 1996. Stuttgart（Franz Steiner）1998.

四 (1) 以上の著作から明らかなように、シュレーダー教授の研究の重点は、ドイツ近代法学史にある。我が国の法学は、明治期の西欧法の継受以来、とくにドイツ法学の強い影響を受け、いまなおドイツ的法思考の刻印されている箇所が多く残されている。したがって、近代ドイツ法学の生成と発展の跡を辿ることは、われわれ自身の研究課題でもあり、今日なおその重要性は失われていないと思われる。それはドイツ型の思考を支持するかどうかという問題ではない。我が国の法学の在り方を反省する場合、そのような思考の型がどのように形成されてきたか、どのような形態・構造のものかを歴史的に確定しておくことが必要であり、それを意識することによって、日本型の法思考がどのようなものかが一層明確になるであろう。シュレーダー教授の研究は、ドイツ近代法学の歴史をさらに哲学的思想的基盤にまで遡って追求しようとするものであり、われわれには教えられるところが非常に多い。これが氏の訪日を希望した第一の理由である。

現代法学の問題を論ずる場合、とりわけ近代法学に対する批判がなされるとき、近代法学の成り立ちの意味を正確に評価せず、これを誇張して論難する手法がとられ、そのために歴史の歪曲に陥ってしまうことがしばしばある。本書で取り上げられているトーピク論もその例に洩れず、フィーヴェークの独創性を否認するつもりはないが、かれが法学におけるトーピクの歴史を正しく見ないで、議論しているのではないかとの感想を、筆者はかねがね懐いていた。そこで、そのような疑問を呈する意図で、シュレーダー教授にトーピクの歴史についての講演をとくにお願いしたのである。筆者にとっては満足のいく答えをいただいたと思っているが、法や法学の歴史の理解を前提とするときはじめて、現在おこなわれている議論のもつ意味合いが明確に浮かび上がってくることがこれでよく分かる。

シュレーダー教授は、ドイツ近代法学の研究において、今後とも指導的役割を果たすべき優れた学者であり、氏との交流の始まりは、我が国におけるドイツ法学史の研究に寄与することは疑いない。だが、これまで氏の業績は、我が国ではあまり知られることがなかったと思われる。本書収録の講演との関連において、ここにその一端を大雑把に要約し紹介しておきたい（以下職名・敬称を省略する）。

(2)　シュレーダーは、まずその教授資格取得論文（著作リストの2）で、一八世紀末ごろまでドイツの法学の一部門に、「実務法学」（**praktische Jurisprudenz**）という分野の存在することを明らかにした。これまでほとんど知られることのなかった「実務法学」なるものを、法理論史、方法論史および法学教育史の視角から、詳細に分析し、法学における「理論と実際」の問題の解明のために、新しい角度から照明をあてたものである。

ここでは、**Praktische Jurisprudenz**を、実用法学ではなく、実務法学と訳したが、我が国では普通、実用法学という言葉は、法解釈学の意味で用いられるから、これと区別するために、「実務法学」という言葉を使うことにしたのである。

今日法学といえば、一般に法の体系的理論的な学問を指している。法解釈学は実用法学であるといいながら、大学で教える法解釈学は体系的理論的なものでなければならないとされている。「契約書の作成のしかた」、「登記・登録実務」、「訴訟追行の手引き」、「刑事弁護術」や「判決起案法」というような講義は法学部にはないし、そのような著作を法学部の教授が書くこともない。これは実務家の手にゆだねられているといってよい。事情はドイツでも全く同じである。というよりドイツ法学の影響によるといった方が正確であろう。シュレーダーの取り上げた実務法学というのは、主としてこういった領域、予防法学、レラティオーン・判決起案の技法、文書管理および登録学などを指している。それらは、今日の法学部教育には見当たらない科目であるが、一八世紀後半までドイツの大学では、実際に教えられ、教科として定着していた。また、教授たちもそのような文献を著した。たとえば、ハレ大学のネッテルブラットのような当時著名な自然法学者でさえ、実務法学の講義を担当し、著作を公刊しているのである。このような学科が、一九世紀になると、法学部から放逐され、学問とされず、実務経験の領域に移されることになる。シュレーダーは、このことを現在残されている著作を通じて綿密に跡づけている。

この変化はまた、「Jurisprudenz から Rechtsgelahrtheit（Rechtsgelehrsamkeit）を経て Rechtswissenschaft へ」と定式化される学問史上の転換の一環として把握される。まず一七世紀ごろ、Jurisprudenz（法の賢慮）は、主観的に、法律を解釈し、具体的事件に適用するための実際的な技能と理解されていた。この時代には、理論的能力と実務的能力という区別こそあれ、理論法学と実務法学の区別はまだなかった。一八世紀になると、Jurisprudenz と平行して、ドイツ語の Rechtsgelahrtheit という言葉が用いられるようになる（たとえば、トマージウス）。この用語は、主観的意味における解釈適用の技能というのと並んで、またはそれに代わって、客観的な意味、法の教説ないし理論（Lehre）という意味を獲得する。これは、その当時大学の授業や著作に、上記のような技術を教えるものが現れたのに対応している。そこで、理論法学と実務法学という分類がおこなわれるようになるが、前者が法の真理（権利義務）を教えるのに対して、後者は法の真理を実現する仕事をどのようにおこなうかを教えるものとされた。ところが、Rechtsgelahrtheit の段階では、法学はまだ外面的に法の教説の総体とみられるにすぎないが、つぎの段階では次第に体系が重視され、法学は法認識の体系であるととらえられるようになる。一八世紀末に、Rechtswissenschaft という言葉が現われて、Rechtsgelahrtheit に取って代わるようになるのは、このような法学観の変化に連動しているのである。これとともに、実務法学が学問ないし体系となりうるかどうか、という議論が生じ、その学科の学問性が疑問視されるようになってきて、大学における実務法学の授業は急速に減少していく。

その場合、法学という言葉、そして法学観の変化の背後に、学問論・認識論上の重要な変化がひそんでいることを見逃してはならない。シュレーダーは、この変化を、カントの批判哲学が、ヴォルフを代表者とする自然法的合理主義的認識論との対決を通じ、「コペルニクス的転換」を成し遂げたことの結果であるとみている。哲学における革命の、法学への転移であり、それとともに、学問と体系が同視され、体系は認識の内面的連関であるとみられるようになる。それまでは、たとえばヴォルフでは、学問は、対象である事物の本質の、概念による把握であり、そこに客観化されたものは、対象から区別されたものではないとされた。学問は主観的な知であり、主張を反論なきように証明する能力である。学問の体系はその対象の体系であり、事物の知識を一定の目的のもと秩序立てて述べるもので、体系という言葉も授業や教科書の叙述と関係して用いられる。ところが、カントにおいては、認識は事物の本質に向けられるのではなく、事物の経験的現象に向けられる。直感の多様性を概念ないしカテゴリーのもとに服せしめるのは、悟性の働きである。こうした認識の体系的秩序づけを可能にするのは、事物に内在する秩序ではなく、人間の認識能力である。学問は、認識対象から独立に、認識能力によって生み出された統一体である。したがって、学問的体系は、一定の連関をもつ全体であり、その部分は教育目的に応じて任意に学問の一部として組み立てるわけにはいかない。

一八世紀末から一九世紀にかけての法学の発展は、こうした新しい学問・体系観に対応した動きを示す。法学についても、一定の仕方で内的な連関をもつ全体であるという観念が広まる。カントの影響を受けた法学者たち（ターフィンガー、フーゴー、ティボーなど）は、Rechtswissenschaft という言葉を使うとともに、法学は法認識の抽象的体系であるという見方をするようになってくる。（ただし、サヴィニーと歴史法学派は、法に内在する体系という考え方をする）。そのような体系の中の法命題を実際的な事例においてどのように適用すればよいかという観点（たとえば、予防法学的観点）から、実務の準則としての命題を集めて独立した学問にすることは不可能であると考えられた。

実務法学は、新しい学問観に基づく Wissenschaft の基準に適合しない。シュレーダーによると、学問性の基準は必然性、根拠づけおよび体系性にあるとされるが、実務法学はそのいずれをも満足させない。契約の書式集を見ると、たしかに契約法秩序に基礎づけられているが、そこから必然的に導出されるものではない。ある契約の作り方には、それにふさわしい手段がいろいろあり、どれが絶対に優れているか言うことができない。また体系的統一についても語ることができない。実務法学にとって重要なのは、学問性よりも有用性である。

実務法学は、規則の実際的な問題への適用の理論であるが、これは規則の適用の理論が規則に関する理論と本質的には同じであることを前提としている。ヴォルフでは、規則の把握と実際的な個別事例の把握とは異ならない。一般的なものの概念と同様、個別的なものの概念もあって、一般的なものと個別的なものの関係は概念の相互関係であり、その包摂・適用は概念分析によっておこなわれる。規則の具体的事例への包摂は、規則を教えることができるように、教えることができるのである。しかし、カントはこのような考えに訣別して、悟性による概念的表象のほかに、感覚による表象があり、個は感覚・直感を通じて与えられ、それ自体概念によって把握されないことを指摘した。一般的なものから個別のものへの移行は、たんに概念分析ではなく、直感の問題である。したがって、規則の適用は、教えられるものではなく、具体的なモデル事例と実務経験を通じて会得される。そういう能力は、悟性ではなく判断力である。このような見方からすると、学問と技芸とは、分離され、むしろ対立的にとらえられる。実務法学は、もはや学問ではなく、技芸の領域に追いやられるのである。（因みに、筆者はかつて、サヴィニーの『実務法学入門』という講義原稿の断片を紹介し、かれも実務法学を学問ではなく、技芸に属するとみていることを示したことがある。「実務法学について」海老原明夫編『法の近代とポスト・モダン』東京大学出版会、一九九三年)。

シュレーダーは、さらにこの法学観の変化と実務法学の排除が大学の法学教育においてどのように具体化されたかを豊富な資料をもとに統計的に明らかにしている。一七九〇年から一八一〇年にかけて、実務法学の授業の提供は、数字の上で頂点に達する。しかし、それ以後次第に減少する。一九世紀になっても、一部の大学では、少数ながら、実務教育が続いて行われているが、実務法学の拒否においてもっとも徹底的であったのはプロイセンの大学(ハレ、ベルリン)である。これらの大学では、規則的な実務の授業はもはやおこなわれない。この変化が、一七八一年にプロイセンで二段階法曹養成の制度が採用されたことと関係があることは十分考えられる。しかし、シュレーダーにとってそれよりも重要なのは、一八世紀末の学問論・方法論の根本的転換であると思われる。法実務が技芸であり裁判所における実務修習により修得され、法学が体系的理論として大学で学習されるものとなったとき、実務のための準則を集めた実務法学とは一体なにか、どの機関がその教育を引き受けるべきか、我が国においても、大学における法曹養成の任務について論議が起きている折りでもあり、検討に値する問題である。

(3) シュレーダーは、最初のモノグラフィーで法学史の未開拓の領域に鍬を入れ、その後、さらに一六世紀から一八世紀末までの時代に取り組み、精力的な研究を進めている。この時期の法学は、いわゆる「パンデクテンの現代的慣用」とよばれて、実務と学問が結びついた独特の形態を示しており、このような実際的傾向に対して、一九世紀の法学は低い評価しかあたえなかった。現代的慣用の法学は、ほとんど忘れ去られたも同然であった。このような法学の景観が一変するまでになる契機は、シュレーダーの見方からすれば、すでにサヴィニーの歴史法学より前に準備されていたようになるであろう。現代的慣用は、近代法学の対抗物であるために、現代の眼からしても、注目すべき興味深い点を数々含んでいる。だからといって、それらを単純に現代と結びつけることもまた危険である。今後歴史的な復権が進むと思われるが、なおざりにされてきたこの時期について、正確な認識が求められる。シュレーダーが試みているのは、現代的慣用の制度や学説の歴史というよりも、哲学史ないし思想史と連携して、私法の法理論ないし法学方法論の領域を歴史的に解明する作業である。すなわち人文主義の時代から啓蒙の時代にかけての私法の学問的体系や方法の変化を跡づけ、その意義を明らかにすることである。その研究は法学の基礎理論に及び、つぎの分野に跨っているように見うけられる。第一は、ヘルメノイティク（**Hermeneutik**）、第二はトーピク（**Topik**）、第三は体系形成（**System-bildung**）の歴史である。この三者に十分な目配りをしながら考察がおこなわれるのである。

伝統的なヘルメノイティク、すなわち解釈（**Interpretation**）の理論は、シュライエルマッハーによる一般的ヘルメノイティクの創出以来、影が薄れてほとんど顧みられなくなった。それまでは法学的ヘルメノイティクも法学文献の一つの分野を形成していたが、一九世紀になると、テキストの批判・解釈のルールよりなる独自の理論は姿を消して、「法学（**Jurisprudenz**）それ自体がヘルメノイティクでなければならない」(プフタ)とされるにいたった。多分ティボーの『ローマ法の論理的解釈の理論』あたりがその文献史の棹尾を飾るものではあるまいか。

シュレーダーは、「一七世紀初めの法学的ヘルメノイティク―ヴァレンティーン・ヴィルヘルム・フォルスターの〝解釈者〟[1]」という論文で、ドイツで最初とみられる法学ヘルメノイティクの著作を紹介している。もっとも、フォルスターの著書は、ドネルスのような先蹤と比べれば、内容的に画期的なものではなく、形式的にも光彩を欠くが、それでも一七世紀の解釈論・方法論の様子をいまに伝える貴重なものと評価されている。フォルスターは、法規の意味の探求(狭義の解釈)ばかりでなく、学問的認識の方法やそれを論文において叙述する方法、他の学問分野(文法学、論理学、歴史学など)との結びつきを扱うことをも解釈理論の中に取入れており(広義の解釈)、当時この両者が競合していた。一七〇〇年ごろになって初期啓蒙の影響のもと狭義の解釈が支配的になると指摘されている。

狭義の解釈の方法には、拡大解釈、縮小解釈および宣言解釈の区別があり、当時これが一般におこなわれていた。フォルスターでは、文法的解釈ということは言いえても、論理学、レトリク、歴史と解釈方法との関連性はなお希薄である。法律の理解を規定する立法者意思の探求は、トポイによる蓋然性の推論、法律の文脈、ratio legis、衡平に基づいておこなわれるが、なかでも中心になるのはトーピクによる推論である。

さらに、「現代的慣用の私法の方法論[2]」において、ヘンネベルクのラント令の適用地域で、共同遺言を作成したのち夫に死なれた妻と夫の兄弟姉妹との間の、夫の遺産をめぐる争いの事例を検討し、当時の法学者の説明では、拡大解釈を用いて「類似のトポス」と「反対のトポス」との推論のジレンマに陥るよりも、法律の根拠（ratio legis）からの推論の方が一層確実であると見られたことを明らかにしている。ただ法律の根拠は確実に知りうるものでなければならない。そのような解釈の結果として、地方制定法は狭く解釈されねばならないというルール、したがってまた普通法優先のルールが排除されるのである。一七世紀には、関連する法律の根拠による論証が確実であるという点で重視されるようになったものの、法律に根拠や意図が明示されている場合を除いて、法学はその確実な認識についてなお信頼を置いていなかった。一七世紀の終わりまで、なおトーピクによる蓋然性の論証形式が引き続いておこわれていたのである。

一八世紀ごろ、おそくともその中葉以来、拡大解釈、縮小解釈および宣言解釈と並んで、またその上位概念として文法的解釈と論理解釈という区分が現われ、支配的になる。あらゆるトポイを集約する場として論理的解釈という概念を最初に採用したのはベーマー（Boehmer）であるとしたのは、オゴレック（R. Ogorek）であったが、シュレーダーは、これに対して、トマージウスが『理性論的思考法』（Ausübung der Vernunftlehre, 1691）においていちはやくその基礎づけをおこなっていると指摘している（そうだとすると、オゴレックに従った筆者の記述も訂正しなければならない。「法律の解釈について　サヴィニーの解釈理論の理解のために」原島重義編『近代私法学の形成と現代法理論』一九八八年、九州大学出版会、七六頁)。

一八世紀の法学でこれまでと異なった特色を示すのは、法律の根拠の認識に、歴史と自然法が用いられることである。ローマ法の理解に歴史的な論拠が援用され、『ローマ法古事学』(Römische Rechts-alterthümer)が歴史的事実を収集して、そのような論拠の増加に貢献した。自然法学者は、実定法優先の見解を持っており、実定法の定義や規定のあるところ、それを尊重した。定義が明確なメルクマールを持っていなかったり、誤っているとき、それが自然法の論理によって補強されることがあった。法律の根拠に基づく修正においては、つねに実定的な立法者の観念・意思から出発したから、自然法は、それが実際に立法者の動機づけとなった場合にのみ、哲学的根拠として意味をもったにすぎない。さらに、立法者は自然法に合致する合理的意思をもっていたと推定して、そこから法律の解釈をすることもできるが、それは必ずしも確実性を保証するものではない。したがって、シュレーダーによれば、この時代は、歴史と自然法が以前より大きな役割を果たすようになり、トーピクの意義が後退したとはいえ、トピクとの決定的断絶にはいたらず、これは一九世紀をまたねばならなかったとされる。(自然法については、「一八〇〇年ごろの法学方法論における自然法と実定法」という論文がある。(3))

一八世紀におけるトーピクの後退は、専門家ないし権威のトポスである、いわゆる通説(communis opinio)についても指摘される。この蓋然性の推論に対して、理性による真理の解明を対置させて批判したのは、トマージウスを中心とする初期啓蒙であった。しかし、通説に従う慣習は今日でもなお存続しているが、シュレーダーは、通説の地位と役割が認められるとすれば、それは学問的議論の場ではなく、法の実務、とりわけ裁判官の法発見という実践の場においてであると見ている。この問題を詳細に論ずるものとして、「一七・一八世紀の法理論における論拠としての通説」[4]および「歴史的見地から見た通説の意義について」[5]がある。

自然法学者たちが実定法中心の考え方をしていたことは、既述の通りであるが、一般に考えられているのとは異なり、「自然法は実定法を破る」という原則は、一七・一八世紀には妥当しなかったといわれる。立法者は、自然法的自由を制限することができるばかりでなく、自然法の命令・禁止に反する行為を容認することができた。実定法は国家目的、すなわち公共の福祉の増進を実現する手段であり、その目的に反しない限り、それでもって自然法違反の行為を命令・禁止することが容認された。のちには、立法者が任意に自然法に異なる実定法を定めることが認められるにいたった。シュレーダーは、さらに、一八世紀末に、アメリカやフランスの革命に刺激され、カント哲学の影響を受けた新自然法（クリッペルによって析出された）の出現によって、自然法と実定法の関係が変化する可能性があったことに注目している。新自然法は、国家において不可譲の権利の存在を主張し、体僕制の廃止や支配権力の制限を要求した。その結果、自然法は法の適用においてそれに反する実定法を排除することができるのではないかという問題が論じられた。そこで、一部の学者はこれを承認するかに見えたが、多数の法律家（フーゴーはいうまでもなく、ティボー、フォイエルバッハも）は、自然法は実定法を説明し、補充しうるだけで、これを排除することができないことを明言した。実定法と異なる自然法は、立法論であるか立法者に対する助言であるにすぎない。この問題については、前記の「一八〇〇年ごろの法学方法論における自然法と実定法」のほか、「一八世紀法理論における〝自然法は実定法を破る〟」(6)で、詳細に扱われている。

解釈理論から体系論に目を移そう。初期近代にいたるまで、法律家はもっぱら学説彙纂や勅法彙纂の篇別（Legalordnung）にしたがって叙述をしていた。それでは一九世紀のパンデクテン体系にいたるまでいかなる体系観の発展があったかという問題がある。シュレーダーは、この問題を「現代的慣用の私法の方法論」、「初期近代の私法における学問的秩序観念」(7)や「最初の法学的体系家――一六世紀の哲学および法学における秩序観念」(8)などで考察している。法の叙述の方法には、二種類のもの、すなわち単一テーマの方法（個別的方法）と一般的方法があったが、前者は、学説彙纂の一節の個別問題の扱い方であり、後者は法素材全体の秩序づけの仕方にかかわる。個別的方法に関しては、一六世紀には人文主義者、とりわけメランヒトンの説いた、トポイの渉猟による集約の方法が有力であった。他方、一般的方法については、哲学の領域における諸派の方法概念の影響を考慮しなければならないが、法学では、一六世紀には、キケロないしアグリコーラ、ラムスの方法が好まれた。これは法学の主要概念を類と種ないし部分に分かち、たえず概念と下位概念の定義をしていくやり方である。だが、ここで「方法」（methodus）というのは、正しく秩序立てて教える方法、教科の内容をわかりやすく教える方法であり、それゆえ叙述・秩序づけの手段であって、認識の手段ではないのである。つぎの自然法の時代になると、体系は法素材を概観できるように秩序づけるばかりでなく、確実な論証をすることを目的とした。けれども、この論証的（幾何学的）方法は、形式の変化をもたらしたにとどまり、まだ新しい法の内容を獲得することをめざしたものではなかった。既述のように、法の学問の内的体系が発展するのは、一八世紀末になってからであり、カント哲学の認識論的転換がその思想的前提となる。具体的には、一七世紀には、ラムスの方法に代わって、ザバレラの二元主義、ジンテーティシュな方法とアナリスティシュな方法が有力になり、後者の目的・手段による分類が有力になる。正義を目的にし、実体法と訴訟法を分離するはその応用である。さらに重要な法の体系的区分、私法と公法の分類については、「私法と公法——一八世紀自然法における近代的体系の発展」[9]および「法の公法と私法への分類、自然法の理論形成か？」[10]という論文がこれに触れる。一八世紀中葉には、公法と私法よりも、私法と国法・基本法の区別が用いられることが多い。自然法の理論では、自然状態の法と社会・国家状態の法との対比から出発して、私法は前国家的な、今日の高権とも結びつく私的権利、私的な強制権（私的な刑法、私的な訴訟法）の存在を表現し、公法は国法ないし基本法を意味した。公法の比重は私法に比べて小さかった。一八世紀の末、一切の強制・権力の独占組織としての国家の観念を背景に、このような見方は変る。カント以後、自然状態では、法は暫定的であり、確定的でない。社会・国家状態においてのみ法は可能である。いまや、国家前の法は不完全で、十分な保護がえられず、権利保護は国家に課せられた任務とされる。公法の領域が著しく拡大して、刑法および訴訟法は完全に国家化される。これらの法領域が私法と対等の比重を獲得し、かつての前国家法と国家法の区別に代わって、公法と私法の区別が一般化する。一八世紀末には、自然法文献のみならず、実定法文献にもこの区別が広がった。これに伴い、公・私法の区別は自然法による理論形成かという問題が生ずるが、これについてはシュレーダーは否定的な答えを与え、一八世紀末の政治的の現実と政治思想の変化に対する反応によるとしている。実体法文献には表面的に、だが新自然法文献にはもっと深く反映しているのだと見られている。公・私法の分類の成立と一八〇〇年ごろの区別の仕方について、国家が法に影響を及ぼすか（公法）及ぼさないか（私法）、という観点は重要ではないのである。

一六世紀から一九世紀初頭まで、現代的慣用、人文主義、自然法の、部分的に重なりあいながら発展してきた近代法学の流れには、その景観を変化させる転換点がある。それは、人文主義の体系化であり、ハレを中心とした初期啓蒙であり、カントの哲学とその影響であり、そこにシュレーダーの研究の視線が注がれている。そのなかで最近の『クリスティアン・トマージウスと法学の改革』[11]は、トポイによる論証の批判者として、体系をめぐる論議の嘲笑者として、解釈論における論理的解釈の創案者としてのトマージウスを取上げている。また、カントによる法学の転換の衝撃についてはいうまでもない。これらの一八世紀末までに法学が達成しえたところから見るならば、一九世紀法学、とくにサヴィニーになに帰すべきか、なにが前代の成果であるかが明らかになろう。たとえば、サヴィニーについて、法認識の体系ではなくて、法そのものに内在する秩序としての体系、実定法の有機体的発展としての類推、解釈における複数（文法的、論理的、歴史的、体系的）の要素（方法ではない）などのテーゼが示されているが、いずれもサヴィニー論において注目すべき指摘である。なお、シュレーダーは、これら法学方法論の政治的社会的文化的背景についても考察を試みているが、まだ十分ではない。しかし、大学教育史に対する関心は、初期から一貫しており、「フリードリヒ後のプロイセンにおける法学部の発展」(12)や「法史の資料としての講義目録」(13)があり、最初の論文では、一八世紀後半、なぜゲッチンゲン大学がハレ大学を凌駕したかを問題にしている。ゲッティンゲンと比較して、ハレは、大学に対する財政援助が不十分で、人事政策は適切でなかった。教授の待遇も悪く、すぐれた学者を集めることができず、研究・教育の専門化が著しく遅れ、教授は多くの教科を教え、学校式授業に堕した。その結果、ラント外の学生に魅力をもたず、教授がみずから執筆した教科書は他大学で使用されることなく、他大学の教授の教科書を用いた。このような大学の衰退がプロイセンで、二段階式法曹養成が早期に採用されるようになったことに関係があると結論しているのである。

以上、本文の講演と関連のある若干の著書・論文を紹介したが、蕪雑な要約によって、かえってシュレーダー教授の真意を歪めて伝えることになったのではないかを危惧している。もし本書を通じてドイツの近代法理論史に多少とも関心を懐いていただけるならば、望外の倖せである。

そして最後に、信山社の袖山貴氏と渡辺左近氏に御礼を申し述べたい。本書のような特殊な専門書の出版は、最近ではほとんど絶望的であるが、これを快く引き受けて下さり、訳者一同にとってはこの上ない喜びであった。とくに編集にあたり、おおらかに、かつ綿密な配慮をしていただいた渡辺左近氏には心から謝意を表したい。また本訳書について種々の誤訳、不適訳など欠陥があれば、それは最終的に監修した筆者に責任があることを申し添えておきたい。

（1） Juristische Hermeneutik im frühen 17. Jahrhundert: Valentin Wilhelm Forsters „interpres", in: Medicus und andere（hrsg.）, Festschrift für Hermann Lange, 1993, S. 223-243.
（2） Die privatrechtliche Methodenlehre des Usus modernus pandectarum, in: Ius Commune, Sonderheft, Bd. 30, Frankfurt a. M 1987 S. 253-278.
（3） Naturrecht und positives Recht in der Methodenlehre um 1800, in: Dreier（hrsg.）, Rechtspositivismus und Wertbezug des Rechts, Stuttgart 1990, S. 129-140.
（4） „Communis opinio" als Argument in der Rechtstheorie des 17. und 18. Jahrhunderts, in: Köbler（hrsg.）Festschrift für Karl Kroeschell, Frankfurt a. M. u. a. 1987, S. 404-418.
（5） Zur rechtlichen Relevanz der herrschenden Meinung aus historischer Sicht, in Baur（hrsg.）, Das Eigenthum, Göttingen 1989, S. 143-164.
（6） „Naturrecht bricht postitives Recht" in der Rechtstheorie des 18. Jahrhunderts, in: Schwab und andere（hrsg.）, Festschrift für Paul Mikat, Berlin 1989 S. 420-433.
（7） Wissenschaftliche Ordnungsvorstellungen im Privatrecht der frühen Neuzeit, in: Ius commune 24

（1997）, S. 25-39.

（8） Die ersten juristischen „Systematiker". Ordnungsvorstellungen in der Philosophie und Rechtswissenschaft des 16. Jahrhunderts, in : Kriechbaum （hrsg.）, Festschrift für Sten Gagnér, Ebelsbach 1996, S. 111-150.

（9） Privatrecht und Öffentliches Recht. Zur Entwicklung der modernen Rechtssystematik in der Naturrechtslehre des 18. Jahrhunderts, S. 961-994.

（10） Die Einteilung des Rechts in Öffentliches Recht und Privatrecht. Eine naturrechtliche Theoriebildung ?, in : Juristische Theoriebildung und Rechtliche Einheit, Rätthistoriska Studier 1997 Bd. XXI S. 179-191.

（11） Christian Thomasius und die Reform der juristischen Methode, Leipzig 1997,

（12） Zur Entwicklung der juristischen Fakultäten im nachfriderizanischen Preußen （1786-1806）. Am Beispiele von Halle im Vergleich mit Göttingen, in : Hattenhauer und Landwehr （hrsg.）, Das nachfriderizianische Preußen 1786-1806, Heidelberg 1988, S. 259-303.

（13） Vorlesungsverzeichnisse als rechtsgeschichtliche Quelle, in : Stolleis （hrsg.）, Festschrift für Sten Gagnér, München 1991, S. 383-401.

石部雅亮

人名索引

〈A〉

Agricola, Rudolph（1444-1485）……4, 168
Alciatus, Andreas（1492-1550）……24
Alexy, Robert（1945-）……2
Althusius, Johannes（1557-1638）……95
Andreae, Johannes（1270？-1348）……23
Aristoteles（384-322 v. Chr.）……3～4, 15, 28, 90, 91, 93, 107, 108

〈B〉

Bachoff, Reinhard, ab Echt（1575-1634）……95
Bacon, Francis（1561-1626）……13
Baldus de Ubaldis（1327-1400）……23
Bachmann, Carl Friedrich（1785-1855）……68
Bendix, Ludwig（1877-1954）……73
Berlich, Matthias（1586-1638）……99
Besold, Christoph（1577-1638）……99, 100, 101
Bobbio, Norberto（1909-？）……51
Bocer, Heinrich（1561-1630）……95
Böhmer, Justus Henning（1674-1749）……20, 26, 96, 165
Brunnemann, Johann（1608-1672）……25, 95, 99
Bydlinski, Franz（1931-）……51

〈C〉

Canaris, Claus Wilhelm（1937-）……51
Carpzov, Benedikt（1595-1666）……25, 99
Cicero, Marcus Tullius（106-43 v. Chr.）……4, 168

Connan, François (1508-1551) ……94

〈D〉

Descartes, René (1596-1650) ……13～14, 28～29
Diocletianus (um 240-313/316) ……16
Donellus, Hugo (1527-1591) ……10～11, 55

〈E〉

Eckolt, Amadeus (1623-1668) ……96
Ehrlich, Eugen (1862-1922) ……73～74
Engisch, Karl (1899-1990) ……51
Esser, Josef (1910-1999) ……52, 74～75

〈F〉

Falk, Johann (1882-1964) ……50
Feder, Johann Georg Heinrich (1740-1821) ……61
Felden, Johannes von (？-1668) ……104, 112
Feuerbach, Paul Johann Anselm (1764-1827) ……56, 167
Forster, Valentin Wilhelm (1574-1620) ……10～11, 55, 164
Freher, Marquard (1565-1614) ……99
Fries, Jacob Friedrich (1773-1843) ……68, 70, 77

〈G〉

Gail, Andreas (1526-1587) ……99, 101
Gaius (Mitte des 2. Jh. n. Chr.) ……54～55, 76
Gassendi, Pierre (1592-1655) ……28
Glafey, Adam Friedrich (1692-1753) ……27
Glück, Christian Friedrich (1755-1831) ……56
Gönner, Nikolaus Thaddaeus (1764-1827) ……57
Gribner, Michael Heinrich (1682-1734) ……27

Grolman, Karl (1775-1829) ……56
Grotius, Hugo (1583-1645) ……102, 103, 104, 105, 106, 107, 110, 112

〈H〉

Hahn, Heinrich (1605-1668) ……95
Harpprecht, Johann Heinrich (1702-1783) ……95, 106
Heineccius, Johann Gottlieb (1681-1741) ……26, 96
Hemmingsen, Niels (1513-1600) ……102
Herberger, Maximilian (1946-) ……52
Hert, Nocolaus (1652-1710) ……113
Hillebrand, Joseph (1788-1871) ……68
Hobbes, Thomas (1588-1679) ……109
Hommel, Carl Ferdinand (1722-1781) ……114
Horak, Franz (1927-) ……2
Huber, Ulrik (1636-1694) ……112
Hufeland, Gottlieb (1760-1817) ……57
Hugo, Gustav (1764-1844) ……64, 160, 167

〈J〉

Jhering, Rudolf von (1818-1892) ……75

〈K〉

Kant, Immanuel (1724-1804)
……13, 15, 30, 64～69, 75, 78, 159, 160, 167, 169
Kantorowicz, Hermann (1877-1940) ……73
Keckermann, Bartholomaeus (1571-1609) ……19
Kisch, Guido (1889-1985) ……93
Kleinschrod, Gallus Aloys Kasper (1762-1824) ……56
Kreittmayr, Wiguläus Xaverius Aloysius v. (1705-1790) ……27
Krug, Wilhelm Traugot (1770-1842) ……68

〈L〉

Lambert, Johann Heinrich (1728-1777) ……61～62
Larenz, Karl (1903-1993) ……51
Lauterbach, Wolfgang Adam (1618-1678) ……20, 25, 96
Linné, Carl von (1707-1778) ……69
Locke, John (1632-1704) ……29
Ludwig=Ludovici, Jacob Friedrich (1671-1723) ……96
Lyncker, Nicolaus Christoph (1643-1726) ……96

〈M〉

Mascardus, Josephus (? -1586) ……24
Maaß, Johann Gerhard Ehrenreich (1766-1823) ……61～63
Mantzel, Ernst Johannes Friedrich (1748-1806) ……113～114
Maximianus (um 240-310) ……16
Mayno, Jason de (1435-1519) ……23
Mazzacane, Aldo (1943-) ……58
Meier, Justus (1566-1622) ……95
Melanchton, Philipp (1487-1560) ……18～19, 102, 168
Menochius, Jacobus (1532-1607) ……24
Mevius, David (1609-1670) ……25, 99, 101
Möser, Justus (1720-1794) ……27
Mynsinger, Joachim (1514-1588) ……99

〈O〉

Obrecht, Georg (1547-1612) ……95
Otte, Gerhard (1935-) ……2

〈P〉

Phedericis, Stephanus de=Federici Stefano de (15-16 Jh.) ……8～10

Platon (427-347 v. Chr.) ……89, 90, 116
Pufendorf, Samuel (1632-1694) ……109, 110, 111, 113

〈R〉

Ramus, Petrus (1515-1572) ……4
Reinking(k), Dietrich (Theodorus) (1590-1664) ……95
Rennemann, Henning (1567-1646) ……96

〈S〉

Savigny, Friedrich Carl von (1779-1861)
……56, 58〜59, 66, 68, 161, 163, 171
Schleiermacher, Friedrich Ernst Daniel (1768-1834) ……68, 89, 163
Schöman, Franz Joseph Konstantin (1781-1813) ……57
Schott, Clausdieter (1936-) ……92, 98
Schröder, Jan (1943-) ……151〜171
Seckel, Emil (1864-1924) ……76
Sigwart, Heinrich Christoph Wilhelm (1789-1844) ……68
Soto, Domingo de (1494-1560) ……102
Steinwenter, Artur (1888-1958) ……51
Strauch, Johann (1614-1679) ……96
Struve, Georg Adam (1619-1692) ……25, 96, 104
Stryk, Samuel (1640-1710) ……25〜26, 96
Suarez, Francisco (1548-1617) ……102, 103

〈T〉

Tartagnus, Alexander (1423/24(?)-1477) ……23
Thibaut, Anton Justus (1772-1840) ……56, 160, 164, 167
Thomasius, Christian (1655-1728)
……11〜12, 20, 26, 29〜30, 113, 165, 166, 170
Tieftrunk, Johann Heinrich (1759-1837) ……68

Twesten, August Detlev Christian（1820-1870）……68

〈V〉

Vasquez, Gabriel（1549-1603）……102
Vico, Giambattista（1668-1744）……1
Vieweg, Theodor（1907-1988）……1, 2, 17, 19, 31
Vinnen, Arnold（1588-1657）……96
Vultejus, Hermann（1555-1634）……95

〈W〉

Wesenbeck, Mattaeus（1531-1586）……94
Wesenberg, Gerhard（1908-1957）……58
Wieacker, Franz（1908-1994）……2
Wieland, Wolfgang（1933-）……116
Wolff, Christian（1679-1754）……30, 64, 109, 113, 159, 161

〈Z〉

Zachariä, Karl Salomo（1769-1843）……57
Zasius, Ulrich（1461-1535）……24～25

著者・訳者紹介

ヤン・シュレーダー
　テュービンゲン大学教授

石部雅亮
　大阪国際大学教授

守矢健一
　大阪市立大学助教授

児玉　寛
　九州大学教授

野田龍一
　福岡大学教授

トーピク・類推・衡平―法解釈方法論史の基本概念―

2000年（平成12年）2月19日　　初版第1刷発行

著　者　ヤン・シュレーダー
編訳者　石　部　雅　亮
発行者　今　井　貴
　　　　渡　辺　左　近
発行所　信山社出版株式会社
〔〒113-0033〕　東京都文京区本郷6-2-9-102
電話　03（3818）1019
FAX　03（3818）0344

Printed in Japan.

印刷・製本／松澤印刷・大三製本

ISBN-4-7972-2155-0　C3332